Esta agenda pertenece a:

_____

Si la encuentras por favor contáctame en:

_____

· SOFÍA MACÍAS ·

PEQUEÑO CERDO

2023

CAPITALISTA

RETOS FINANCIEROS
Arregla tu relajito financiero en 365 días

AGUILAR

EJERCICIOS SEMANALES Y RETOS PARA MEJORAR TUS FINANZAS PERSONALES

El papel utilizado para la impresión de este libro ha sido fabricado a partir de madera procedente de bosques y plantaciones gestionadas con los más altos estándares ambientales, garantizando una explotación de los recursos sostenible con el medio ambiente y beneficiosa para las personas.

Pequeño Cerdo Capitalista. Retos financieros 2023

Primera edición: septiembre, 2022

D. R. © 2022, Sofía Macías
M. R. Pequeño Cerdo Capitalista

D. R. © 2022, derechos de edición mundiales en lengua castellana:
Penguin Random House Grupo Editorial, S. A. de C. V.
Blvd. Miguel de Cervantes Saavedra núm. 301, 1er piso,
colonia Granada, alcaldía Miguel Hidalgo, C. P. 11520,
Ciudad de México

penguinlibros.com

D. R. © 2022, Penguin Random House / Amalia Ángeles, por el diseño de portada e interiores
D. R. © Barrilete cósmico, por la ilustración de portada

Penguin Random House Grupo Editorial apoya la protección del *copyright*.
El *copyright* estimula la creatividad, defiende la diversidad en el ámbito de las ideas y el conocimiento, promueve la libre expresión y favorece una cultura viva. Gracias por comprar una edición autorizada de este libro y por respetar las leyes del Derecho de Autor y *copyright*. Al hacerlo está respaldando a los autores y permitiendo que PRHGE continúe publicando libros para todos los lectores.

Queda prohibido bajo las sanciones establecidas por las leyes escanear, reproducir total o parcialmente esta obra por cualquier medio o procedimiento así como la distribución de ejemplares mediante alquiler o préstamo público sin previa autorización.
Si necesita fotocopiar o escanear algún fragmento de esta obra diríjase a CemPro (Centro Mexicano de Protección y Fomento de los Derechos de Autor, https://cempro.com.mx).

ISBN: 978-607-381-914-5

Impreso en México – *Printed in Mexico*

CONTENIDO

BIENVENIDA
Que nada se interponga en tus metas de este año: logra unas finanzas todo terreno

INSTRUCCIONES
———————————————

ENERO
Clarifica: define qué quieres con tu dinero y encuentra las causas de tu relajito financiero
SEMANA 3. RETO 1.
COMIENZA EL AÑO CON NUEVOS HÁBITOS FINANCIEROS

FEBRERO
Dirige: conoce tus gastos, presupuesta y elige cómo usar tu dinero

MARZO
Libérate: sal de deudas y utiliza el crédito a tu favor
SEMANA 11. RETO 2.
TOTALERO POR UN MES

ABRIL
Estabiliza: prepara tus finanzas para calamidades y aprovecha oportunidades

MAYO
Genera: ideas para ingresos extra
SEMANA 20. RETO 3.
RENTA UN CUARTO 8 DÍAS

JUNIO
Asciende: avanza en tu carrera, negocia y líbrate del burnout

JULIO
Expande: finanzas para emprendedores y técnicas para crecer tu negocio
SEMANA 28. RETO 4.
LIMPIA DE CLIENTES

AGOSTO
Invierte: pon tu dinero a trabajar, diversifica y aumenta tus ganancias

SEPTIEMBRE
Cuida: priorízate, cuidados financieros para tus seres queridos y ¡presupuesta a tus mascotas!
SEMANA 37. RETO 5.
CUIDADOS FINANCIEROS

OCTUBRE
¡Futurea!: controla tus compras online, protégete de la ciberdelincuencia y éntrale a las criptomonedas y a vender NFT

NOVIEMBRE
Disfruta... sin quebrar: aplícate, planea tus gastos de fin de año y pásala bomba con tu dinero
SEMANA 45. RETO 6.
#RENUEVAELCLÓSETSINGASTAR

DICIEMBRE
¡Festeja! Aprovecha tu aguinaldo, reto #LupeReyesDelAhorro, evalúa y celebra tus #LogrOINKS
SEMANA 50. RETO 7.
#LUPEREYESDELAHORRO
———————————————

TELÉFONOS Y PÁGINAS ÚTILES

HOJAS DE FLUJO PARA FREELANCEROS

EXTRAS

¿Y ÉSTAS PARA QUÉ SON?
Instrucciones para usar las estampitas

AGRADECIMIENTOS

CALENDARIO 2023

ENERO

D	L	M	M	J	V	S
1	2	3	4	5	6	7
8	9	10	11	12	13	14
15	16	17	18	19	20	21
22	23	24	25	26	27	28
29	30	31				

FEBRERO

D	L	M	M	J	V	S
			1	2	3	4
5	6	7	8	9	10	11
12	13	14	15	16	17	18
19	20	21	22	23	24	25
26	27	28				

MARZO

D	L	M	M	J	V	S
			1	2	3	4
5	6	7	8	9	10	11
12	13	14	15	16	17	18
19	20	21	22	23	24	25
26	27	28	29	30	31	

ABRIL

D	L	M	M	J	V	S
						1
2	3	4	5	6	7	8
9	10	11	12	13	14	15
16	17	18	19	20	21	22
23	24	25	26	27	28	29
30						

MAYO

D	L	M	M	J	V	S
	1	2	3	4	5	6
7	8	9	10	11	12	13
14	15	16	17	18	19	20
21	22	23	24	25	26	27
28	29	30	31			

JUNIO

D	L	M	M	J	V	S
				1	2	3
4	5	6	7	8	9	10
11	12	13	14	15	16	17
18	19	20	21	22	23	24
25	26	27	28	29	30	

JULIO

D	L	M	M	J	V	S
						1
2	3	4	5	6	7	8
9	10	11	12	13	14	15
16	17	18	19	20	21	22
23	24	25	26	27	28	29
30	31					

AGOSTO

D	L	M	M	J	V	S
		1	2	3	4	5
6	7	8	9	10	11	12
13	14	15	16	17	18	19
20	21	22	23	24	25	26
27	28	29	30	31		

SEPTIEMBRE

D	L	M	M	J	V	S
					1	2
3	4	5	6	7	8	9
10	11	12	13	14	15	16
17	18	19	20	21	22	23
24	25	26	27	28	29	30

OCTUBRE

D	L	M	M	J	V	S
1	2	3	4	5	6	7
8	9	10	11	12	13	14
15	16	17	18	19	20	21
22	23	24	25	26	27	28
29	30	31				

NOVIEMBRE

D	L	M	M	J	V	S
			1	2	3	4
5	6	7	8	9	10	11
12	13	14	15	16	17	18
19	20	21	22	23	24	25
26	27	28	29	30		

DICIEMBRE

D	L	M	M	J	V	S
					1	2
3	4	5	6	7	8	9
10	11	12	13	14	15	16
17	18	19	20	21	22	23
24	25	26	27	28	29	30
31						

BIENVENIDA

QUE NADA SE INTERPONGA EN TUS METAS DE ESTE AÑO: LOGRA UNAS FINANZAS TODO TERRENO

Mi papá solía decirme que si quería ser una buena viajera debía llevar siempre un traje de baño, un suéter, calcetines extra, una gorra y algo para la lluvia. Básicamente estar protegida ante cualquier cambio brusco de clima o imprevisto, pero también para aprovechar cualquier oportunidad de diversión (a los 2 nos encantaba nadar).

Creo que es una buena comparación de lo que hemos experimentado en los últimos años con nuestro dinero: un clima de tal incertidumbre que hay que estar preparados para todo y evitar cancelar nuestras metas por imprevistos.

Para lograrlo hay que tener el orden y las herramientas que te den un equilibrio con el dinero; estar listos para aprovechar las oportunidades y protegidos ante las amenazas.

Precisamente para eso te servirá la agenda *Retos financieros 2023* de este año: para que tus finanzas puedan ser lo más completas posibles, para navegar la incertidumbre, crecer económicamente y disfrutar de cumplir tus metas.

Puede ser que si hoy tienes un buen relajito financiero —ejemplo: deudas arriba de 30% de tus ingresos o que sea un misterio en qué se te va el dinero— te parezca difícil lograrlo, pero si semana a semana te aplicas con los ejercicios, retos y evaluaciones que te preparé, te sorprenderás del avance que lograrás con tu dinero este año.

¿Quieres por fin ahorrar sin sentirte limitado y tener un "fondo para los placeres"? ✓ ¿Dar los primeros pasos para ser totalero con la tarjeta? ✓ ¿Afinar tu radar para encontrar oportunidades financieras? ✓ ¿Aprovechar los espacios de tu casa para generar ingresos? ✓ ¿Animarte a diversificar tus inversiones? ✓ ¿Entrarle a las últimas tendencias en finanzas y tecnología como los metaversos y las fintech? ✓ ¿Cuidar mejor de ti y de lo que te importa? ✓

Este año se trata de que logres unas finanzas todo terreno y por fin logres ese viaje, certificación, casa o meta a la que te ha costado llegar, sin importar si es un año complejo o no en la economía.

Para conseguirlo tu agenda *Retos financieros 2023* te ayudará a aclarar tus objetivos y detectar qué cambiar para tener finanzas más sólidas; también cómo cuidar mejor de ti, impulsar tu carrera o negocio sin perder el equilibrio con tu vida, incluso que le entres a las tendencias financieras sin que te sientas rebasado.

Obviamente para que suceda necesitas hacerle "espacio" a tus metas en tu apretada agenda (metafórica y literalmente). Si dedicas una hora a la semana para hacer los ejercicios y retos, 10 minutos al día a anotar tus gastos (o si prefieres cada que haces uno) y una hora cada 3 meses para tus evaluaciones trimestrales, tendrás un avance récord en tus metas en este 2023. Anota de una vez en tu agenda cuándo lo harás por lo menos en la primera semana.

Esta agenda se trata de ponernos en acción. Por eso cada mes tiene un objetivo con tu dinero: Clarifica, Dirige (tu dinero), Libérate (de deudas), Estabiliza, Genera (ingresos), Asciende (en tu carrera), Expande (tu negocio), Invierte, Cuida (a ti y lo que más quieres), Futurea, Disfruta y Festeja.

Espero que la pases bomba haciendo todos los retos y ejercicios de tu agenda de retos financieros, que los consejos-regaños-chascarillos diarios te animen a seguir avanzado y que los formatos te ayuden a darle estructura a tu dinero.

Si te pones en marcha pronto cumplirás las metas que habías pospuesto, los planes que por las circunstancias no se podían hacer; incluso espero que te animes a ir por lo que no te habías ni imaginado.

¡Aplícate muchOINK y que tengas un muy próspero 2023!

P. D. No olvides compartirnos tus #LogrOINKs en redes sociales y revisar los que otros han publicado para que te animes y le entres con todo a tu agenda.

INSTRUCCIONES

¿CÓMO USAR TU AGENDA *RETOS FINANCIEROS 2023*?

La agenda *Retos financieros 2023* de Pequeño Cerdo Capitalista es una metodología con ejercicios y consejos que si sigues todo el año te ayudará a conseguir unas finanzas de diez, convertirlas en todo terreno, cuidar mejor de ti y, por supuesto, cumplir las metas que te mueres de ganas de lograr.

¿Qué sentido tiene bajarle a algunos gastos, poner en orden nuestras tarjetas, invertir y protegernos si no es para vivir mejor y lograr lo que más queremos? Para que le saques jugo, debes usar tu agenda de la siguiente manera:

1. Escribe la meta principal que tengas este año, que no quieras seguir posponiendo por ningún motivo y a la que le vayas a echar todas las ganas del mundo: _____.
   En el ejercicio de la semana 1 harás una versión más pro para que traces este objetivo de forma específica y vayas midiendo su avance.
2. Haz los ejercicios de la agenda semana a semana y lleva a cabo cambios reales en tus finanzas (si no ¡qué chiste!). Si por alguna razón conseguiste tu agenda ya avanzado el año debes comenzar los ejercicios desde la semana 1 porque llevan una secuencia.

   Si hay algún tema que te preocupe en particular (por ejemplo, tu *deuditis aguditis*, que aún no diversificas tus inversiones o que necesitas obtener nuevos ingresos) busca esa temática en el Contenido, pero no olvides hacer el resto de las actividades para que realmente arregles tu relajito financiero completo.
3. Anota tus gastos en el espacio que viene en cada día para que no te ataque la memoria de pez beta y sepas en qué carambas se te va el dinero.

   Las moneditas son para que colorees de acuerdo con cuánto gastaste ese día: 1 si tus gastos fueron bajos, 2 si fueron promedio y

3 si ¡te pasaste! A fin de mes puedes observar dónde hay más monreditas coloreadas para detectar patrones y bajarle a tus gastos.
4. Las hojas de presupuesto mensual ¡no están de adorno! Al inicio del mes llénalas con las instrucciones de la semana 8 si tienes un sueldo fijo y las de la semana 27 para ingresos variables. Checa qué tanto cumpliste al final de cada periodo.
5. Revisa en el Contenido los 7 retos que te propongo para este año, puedes hacerlos en secuencia o elegir con cuál quieres empezar. Invita a tu familia, pareja o amigos a que también los hagan, tu lado competitivo puede ayudar a la constancia.
6. Al final del libro encontrarás una plantilla de estampas que te servirán para recordarte las fechas de corte y pago de la tarjeta, para que ahorres con el "quítamelo que me lo gasto", pagos importantes y, por supuesto, para celebrar tus avances y recordarte tus metas.
7. ¡Personaliza tu agenda *Retos financieros 2023*! Incluye fotos de tus metas, post-its o separadores, arma tu sobre... Hacerla más tuya hará que te apliques el doble.
8. Aprovecha los recursos digitales, complementos y sorpresas que recibirás en tu correo al registrarte en www.pequenocerdocapitalista.com/agendaretos2023, también puedes registrar tus metas en la app Mis Metas PCC (disponible en iOS y Android), y podrás encontrar un tutorial para el uso de tu agenda *Retos financieros 2023* en el canal de Pequeño Cerdo Capitalista en YouTube.
9. Si quieres ser MÁS constante y profundizar, toma los cursos de Pequeño Cerdo Capitalista. Puedes encontrar más información en www.pequenocerdocapitalista.com/cursos

    Tip: en algunos de los cursos enviamos un bono especial por correo electrónico para quienes compraron su agenda *Retos financieros 2023* y se registraron para recibir los recursos digitales.
10. Recuerda compartirnos tus #LogrOINKS en las redes del Pequeño Cerdo Capitalista para echarte porras e inspirar a otros a mejorar sus finanzas.

Tu esfuerzo y tus decisiones deben ser del tamaño de los resultados que quieres tener con tu dinero. ¡Acepta el reto y cumple tus metas este 2023!

ENERO

Clarifica: define qué quieres con tu dinero y encuentra las causas de tu relajito financiero

DOMINGO	LUNES	MARTES	MIÉRCOLES	JUEVES	VIERNES	SÁBADO
1	2	3	4	5	6	7
8	9	10	11	12	13	14
15	16	17	18	19	20	21
22	23	24	25	26	27	28
29	30	31				

RECORDATORIOINKS

PRESUPUESTO DEL MES

INGRESOS	MONTO

AHORRO	MONTO

GASTOS FIJOS	MONTO

GASTOS VARIABLES	MONTO
TOTAL	

SEMANA 1

DEFINE TUS METAS Y DALE DIRECCIÓN A TU DINERO

Si hay un ejercicio que nunca de los nuncas te debes saltar en tu agenda *Retos financieros 2023* del Pequeño Cerdo Capitalista, es el de definir tus metas de una forma efectiva.

Las metas son el timón de tus finanzas: con ellas vas a decidir a qué le quieres destinar tu dinero, son las que te dan la motivación para hacer mejoras y convertirlas en hábitos, te ayudan a bajar las compras compulsivas porque ya sabes para qué quieres usar tus ingresos, son la base de una buena estrategia de inversión… Y me podría seguir con todas las funciones que las metas tienen para que manejes mejor tu lana, pero ¿y si mejor las definimos?

Esta semana empieza por tomarte 30 minutos para pensar qué quieres lograr con tu dinero y definir tus primeras 3 metas del año. Dijimos 3 metas y no 20 porque si tienes muchas te abrumas y no cumples ni una. Se vale agregar más conforme las logres, pero de inicio sólo ésas, ¿te late?

Te dejo estos tips por si nunca lo has hecho o por si no has cumplido las que te pusiste otros años:

- Empieza por una meta sencilla y que puedas cumplir en un máximo de 3 meses. En cuanto la logres, te dará la motivación para ir por más. Incluso esta meta inicial puede ser el primer paso de una más grande. Ejemplo: si tu prioridad es pagar una deuda, que tu primera meta sea reunir 5% del monto o abonar el doble del pago mínimo de la tarjeta los próximos 3 meses.
- Tus otras 2 metas pueden ser más ambiciosas y requerir varios meses o todo el año.
- Piensa qué quieres lograr o que te ayudaría a tener mayor bienestar y define un objetivo, en lugar de sólo llegar a una cierta cantidad de dinero (eso no motiva). Puede ser desde armar un pequeño fondo de emergencias o pagar la tarjeta, hasta un viaje o curso para el que nunca te ha alcanzado.

- Tus metas deben ser personales y para darte gusto o cuidarte, no para seguir modas, complacer a terceros o porque tus papás te dan lata con que sientes cabeza y te compres una casa. Toma tiempo para pensar qué te importa a ti, qué valoras, qué cosas has querido... a veces no nos conocemos tan bien, aprovecha para tener curiosidad de ti mismo.
- Haz el ejercicio de dividir el monto total en el tiempo en que las quieres cumplir para saber si el plazo es viable, si lo adelantas o le das unos mesecitos. Para esto te puede servir el módulo de metas de la app Mis Metas PCC.
- Escríbelas y ponlas en un lugar visible (Hay una estampita al final de la agenda para eso) y de preferencia compártelas con alguien para aumentar tus posibilidades de cumplirlas:

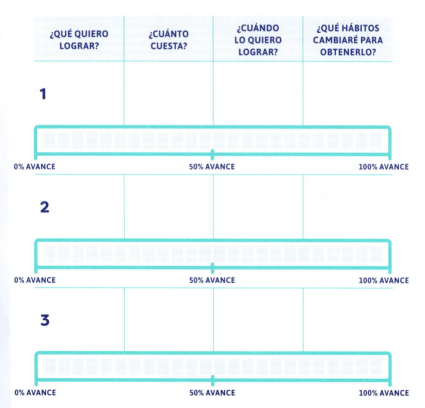

¡Compárteme tus metas del año usando el hashtag #RetosFinancieros!

ENERO

GASTOS
$ $ $

30 VIERNES

GASTOS
$ $ $

31 SÁBADO

GASTOS
$ $ $

1 DOMINGO

• Del 1 al "ahora sí voy a cumplir mis metas", ¿cuánto te aplicaste con el ejercicio de metas?

2 LUNES

GASTOS

E

- Las metas efectivas vienen con costo, fecha y cómo las vas a lograr... si no es así, son puros sueños guajiros.

3 MARTES

GASTOS

ENERO

GASTOS

 MIÉRCOLES

• Define un gasto que puedas reducir esta semana para abonarle ese dinero a tus metas.

GASTOS

 JUEVES

6 VIERNES

GASTOS
$ $ $ E

- ¡Día de Reyes! Afina tu detector de monitos que hay en la rosca o tendrás que iniciar tu fondo para los tamales.

7 SÁBADO

GASTOS
$ $ $

8 DOMINGO

GASTOS
$ $ $

- Escribir tus metas, definir acciones y compartir tus progresos con alguien duplica tus posibilidades de lograrlas, según un estudio de la Dra. Gail Matthews.

SEMANA 2

¿QUÉ TAN TODO TERRENO SON TUS FINANZAS?

Nos guste o no, la economía es cíclica. Así como hay periodos de crecimiento, luego se desacelera, puede caer en recesión, se recupera y vuelve a crecer.

Y aunque no podemos saber exactamente cuándo va a suceder cada etapa o cuándo viene la próxima crisis o periodo de crecimiento, sí podemos preparar nuestras finanzas para que nos agarren lo menos en curva posible, incluso estemos preparados para aprovechar oportunidades.

Esta semana tu misión es contestar este test para saber qué tan todo terreno son tus finanzas. Palomea las frases que correspondan a cómo manejas tu dinero:

- [ ] Tengo metas definidas y cuando hay un imprevisto las replanteo, pero no las cancelo.
- [ ] Todos los meses ahorro en cuanto recibo mis ingresos y de forma automática (hago el "quítamelo que me lo gasto").
- [ ] Tengo fondo de emergencias (un ahorro exclusivo para imprevistos), y si lo uso, "lo relleno".
- [ ] Lo que debo abonar a mis deudas cada mes es menor a 30% de mis ingresos.
- [ ] Tengo identificados los gastos que puedo recortar rápidamente en una emergencia.
- [ ] Tengo mi salud cubierta con seguros o acceso a la seguridad social.
- [ ] Tengo un plan B de ingresos, en caso de que se redujeran o perdiera mi fuente principal.
- [ ] Encuentro constantemente formas de generar nuevos ingresos y las pongo en práctica.
- [ ] Tengo una red de apoyo (familia, amigos, colegas, mentoras), en la que confío para acercarme y puede ayudarme en caso de emergencia financiera.

- ☐ Invierto en al menos 3 tipos de activos diferentes (deuda, bolsa, divisas, instrumentos de tasa real, fintech...)
- ☐ Si hay caídas en los mercados, me calmo y analizo si es un buen momento para comprar.
- ☐ Tengo una parte de mis ahorros, inversiones o recursos disponibles en instrumentos líquidos para aprovechar oportunidades.
- ☐ Cuando escucho que viene una crisis, pienso en cómo protegerme, pero también en cómo aprovecharla.

Si palomeaste:

- **11 o más.** Tus finanzas son todo terreno y sólo te falta uno o 2 puntos para estar al 100 en aquello de aprovechar oportunidades y enfrentar imprevistos o bajones en la economía. Aplícate con esos puntos.
- **De 5 a 10.** Has hecho algunos ajustes en tu relajito financiero, pero todavía hay algunos puntos que te hacen blanco fácil en las crisis o se te dificulta aprovechar oportunidades. Checa cuáles dejaste en blanco y ponles especial atención a los ejercicios de la agenda de esos temas.
- **De 0 a 4.** Digamos que tus finanzas están bastante expuestas a los vaivenes de la economía, que los imprevistos te pueden desestabilizar fuerte y quizás te cueste aprovechar oportunidades. Convierte las preguntas en acciones y checa los ejercicios que te pueden ayudar a avanzar. Empezar a ahorrar, formar tu fondo de emergencias y bajarle a tus deudas deben ser tus prioridades.

¡No te agobies si tienes pocas palomitas! La agenda es justo para que identifiques qué puedes mejorar para conseguir unas finanzas todo terreno y cumplas tus metas de este año.

¡Cuéntame en redes con qué te vas a aplicar primero usando el hashtag #RetosFinancieros!

ENERO

GASTOS

 9 LUNES

• ¿Ya tienes la primera acción para volver tus finanzas todo terreno? Escríbela: _____

GASTOS

 10 MARTES

11 MIÉRCOLES

GASTOS

• ¡No te agobies! Sólo necesitas un paso en la dirección correcta para avanzar en tu relajito financiero.

12 JUEVES

GASTOS

ENERO

GASTOS

 13 VIERNES

• Viernes de quincena, ¡aprovecha para meterle a tu fondo de emergencias!

GASTOS

 14 SÁBADO

GASTOS

 15 DOMINGO

• Hoy que andas más libre, échale un ojo a los ejercicios de la agenda y registra tus gastos.

SEMANA 3
RETO 1
COMIENZA EL AÑO CON NUEVOS HÁBITOS FINANCIEROS

¿Cuántos inicios de año te has propuesto mejorar tu alimentación, hacer ejercicio o ahorrar? ¿Cuántas veces has intentado crear un hábito y siempre lo abandonas? De acuerdo con una de las teorías más famosas, las personas necesitamos repetir una acción durante 21 días para modificar un comportamiento y adquirir un hábito positivo. En Pequeño Cerdo Capitalista queremos que este 2023 comiences con el pie derecho al crear hábitos financieros y les digas *good bye*, *arrivederci* o *sayonara* a los más nocivos.

Para este reto necesitarás comprometerte contigo y buscar cómplices: familia, amigos, pareja, etcétera, para que te motiven cuando creas que no puedes más. ¿Listo? sigue los pasos que te propongo a continuación:

Paso 1. Escribe 4 hábitos que quieres incorporar a tu vida. Te dejo una lista de hábitos financieros que puedes considerar:

- Registrar mis gastos todos los días en mi agenda *Retos financieros 2023*.
- Elaborar mi presupuesto un día antes de que inicie el mes.
- Hacer cuentas antes de dar el tarjetazo y pagar cada mes el total para no generar intereses.
- Leer sobre un activo de inversión nuevo cada semana.
- Ahorrar $ _____ cada día/ semana/ mes para mi retiro.
- Fijar un día para preparar en casa los alimentos para la semana y así y reducir comidas fuera.
- Invertir en educación y desarrollo profesional.
- Leer un libro de negocios cada mes.
- Pensar durante 24 horas para realizar una compra si no la tenía planeada.
- Dormir más temprano y levantarme 15 minutos antes para gastar menos en transporte.

Paso 2. Escribe cuánto te ahorrarías o qué ganarías con ese nuevo hábito. Conocer la recompensa te ayudará a mantener la motivación.

Paso 3. Selecciona el hábito más significativo. Te recomiendo que elijas ese que año con año se repite en tu lista de propósitos y que causa un daño a tu salud y a tu bolsillo.

Paso 4. Comienza el reto de realizar ese hábito por 21 días seguidos. Recuerda que no necesitas esperar a que sea lunes, entre más pronto mejor, así que empieza hoy mismo. Si la periodicidad del hábito no es diaria, busca que la conducta se cumpla SIEMPRE que se presente la situación durante esos 21 días.

Paso 5. Anota en tu agenda "reto cumplido" por cada día concluido. Si tiraste la toalla o estuviste a punto de hacerlo, ¡no te juzgues! Coméntalo con tu red de apoyo para que sepas que pasó y retoma el reto nuevamente. Comienza con tu hábito de nuevo en el día 1 hasta concluir los 21 días consecutivos.

Una vez que termines tus 21 días consecutivos, habrá sido reto cumplido. Te invito a que continúes con tu reto por otros 21 días o 66, ¡qué más da!, por lo que resta del año. Si puedes suma otro hábito de la lista y repite los mismos pasos. No pierdas la motivación de cambiar y, sobre todo, de ahorrar.

16 **LUNES**

GASTOS $ $ $

E

- Anota un hábito que mejoraría tu salud física y financiera:
_____

17 **MARTES**

GASTOS $ $ $

- ¿No puedes deshacerte de un hábito nocivo? Haz cuentas para que veas cuánto te sale y te duela el codo.

ENERO

GASTOS

18 MIÉRCOLES

• Liga tus nuevos hábitos con otras actividades que ya hagas. Por ejemplo: registra tus gastos antes de lavarte los dientes.

GASTOS

19 JUEVES

20 VIERNES

GASTOS $ $ $

E

- Analiza qué es lo más difícil de eliminar en tu mal hábito financiero: placer, estatus, flojera, etcétera.

21 SÁBADO

GASTOS $ $ $

- Sustituye hábitos nocivos por actividades a bajo costo. Por ejemplo, para trayectos cortos deja de usar Uber y camina.

22 DOMINGO

GASTOS $ $ $

- Lo extremo no funciona, ni querer cambiar toda tu vida en una semana. Empieza por un hábito a la vez, recomienda Denisse Pérez, fundadora de Phit.

SEMANA 4

¿AHORRAR TE LIMITA? CAMBIA TU PERSPECTIVA Y MÉTODO

Ni te imaginas la cantidad de veces que la gente me ha dicho que no ahorra porque "no se quiere limitar". Y entiendo que muchas veces reducir tus gustitos diarios puede sonar a restricción, pero lo que a veces no vemos es que la falta de ahorros nos puede estar limitando para metas más grandes como el viaje o los estudios que siempre has querido o hasta decisiones como cambiar de trabajo o de casa.

Mi visión es que ahorrar en realidad te da más posibilidades y te permite lograr cosas más grandes. No es que te "quiten" o te "restrinjan", sino apartar el dinero para algo más interesante que un gusto que te va a durar 30 minutos. Viéndolo así dan más ganas de hacerlo, ¿no?

Tu misión de esta semana será facilitarte el ahorro en 2 pasos:

Paso 1. Escribe 3 cosas para las que nunca te alcanza y te encantaría hacer, y por las que sí te animarías a ahorrar:

1. _____
2. _____
3. _____

Paso 2. Aplica el "quítamelo que me lo gasto". ¿Eso qué es? La técnica de ahorro más efectiva, pues se trata de ahorrar en cuanto recibes tus ingresos y de preferencia de forma automática, domiciliando o programando una transferencia de la cantidad que quieres ahorrar a otra cuenta o inversión.

De ahí viene lo del "quítamelo", porque como sale de tu cuenta corriente, se reducen las posibilidades de gastarlo (tendrías que sacarlo de la otra cuenta o volvértelo a transferir y con eso es muy probable que te lo pienses).

Puedes empezar con un monto bajo o que consideres manejable, y una vez que ya tengas el hábito, aumentarlo. La mayoría ni lo nota en sus gastos del mes, pero sí en cómo se suma en la cuenta que está utilizando para eso.

¿Dónde lo podrías hacer?

- Domicilia un instrumento de deuda como Cetes Directo (la plataforma de deuda del gobierno de México) o algún depósito a plazos en bancos o sociedades financieras populares.
- Muchos trabajos tienen caja de ahorro a la que te puedes inscribir en el área de Recursos Humanos y puedes aportar desde el monto que quieras.
- Programa transferencias mensuales, quincenales o semanales (según como te paguen) a un fondo de inversión o a una cuenta en una casa de bolsa en línea.
- Mi menos favorito, pero más fácil: algunos bancos tienen productos de ahorro o con rendimientos (muy bajitos, la verdad) en su propia app, diseñados para metas o simplemente para separarlo. Puede ser un comienzo rápido y al alcance de tu mano para hacer el hábito, ya después puedes buscar algo con más rendimientos.

ENERO

GASTOS

 LUNES

• El dinero nunca sobra ¡deja de ahorrar lo que te queda al final y aplica el "quítamelo que me lo gasto"!

GASTOS

 MARTES

25 MIÉRCOLES

GASTOS $ $ $

E

- ¿Juras y perjuras que no puedes ahorrar? Empieza con 1% de tus ingresos, no lo extrañarás y si eres constante, suma.

---

26 JUEVES

GASTOS $ $ $

ENERO

GASTOS

27 **VIERNES**

• Se acerca la quincena y fin de mes, ¿ya elegiste tu opción para el "quítamelo que me lo gasto"?

GASTOS

28 **SÁBADO**

• Ahorrar no implica eliminar todos los pequeños placeres de la vida, sólo ¡espácialos!

GASTOS

29 **DOMINGO**

SEMANA 5

COMBATE LA DISTRACCIÓN PARA TUS METAS Y TU LANA

Tantas tentaciones y opciones, ¡y tan poco tiempo y presupuesto!

Muchas veces el enemigo #1 de tus metas y de mejorar tus finanzas no es la falta de ganas, interés, compromiso ¡son las distracciones!

Y creo que esto aplica tanto para el tiempo que le queremos dedicar a nuestras finanzas —cuando ya te vas a sentar a hacer presupuestos o investigar esa inversión o negocio y ¡ay mira qué lindo video de gatitos!— , pero también a qué dedicamos nuestro dinero... sí, como cuando te gastaste lo que llevabas para tu meta en ese "ofertón" que ni necesitabas.

Hace poco leí un concepto en *Indistractable*, libro de Nir Eyal, que me cambió el chip en este tema:

- **Tracción:** son las acciones que nos ACERCAN a lo que realmente queremos.
- **Distracción:** son las acciones que nos ALEJAN de lo que realmente queremos.

El ejercicio de esta semana es que identifiques 3 acciones de cada tipo, que influyan tus metas y tus finanzas... y que te apliques con las que generan tracción:

TRACCIÓN		DISTRACCIÓN	
Acción	¿Cómo influye en mis metas o mis finanzas?	Acción	¿Cómo influye en mis metas o mis finanzas?

Comparte tus acciones de tracción a tus metas y tus finanzas en redes usando #RetosFinancieros.

ENERO

GASTOS

 LUNES

• Hoy pagan. ¿Cómo puedes organizar tu dinero para tener más tracción en tus metas y arreglar tu relajito financiero?

GASTOS

 MARTES

• No esperes a que los gastos de febrero te agarren por sorpresa: haz tu presupuesto del mes.

FEBRERO

Dirige: conoce tus gastos, presupuesta y elige cómo usar tu dinero.

DOMINGO	LUNES	MARTES	MIÉRCOLES	JUEVES	VIERNES	SÁBADO
			1	2	3	4
5	6	7	8	9	10	11
12	13	14	15	16	17	18
19	20	21	22	23	24	25
26	27	28				

RECORDATORIOINKS

PRESUPUESTO DEL MES

INGRESOS	MONTO

AHORRO	MONTO

GASTOS FIJOS	MONTO

GASTOS VARIABLES	MONTO
TOTAL	

1 MIÉRCOLES

GASTOS $ $ $

F

• ¿Te quieres concentrar en serio para la chamba, algo de ingresos extra o revisar tus finanzas? Quita las notificaciones o pon el teléfono en modo avión.

---

2 JUEVES

GASTOS $ $ $

FEBRERO

GASTOS
$ $ $

3 VIERNES

- ¿Qué gastos hormigas o compras impulsivas están robando dinero a tus metas?

GASTOS
$ $ $

4 SÁBADO

GASTOS
$ $ $

5 DOMINGO

- Día de la Constitución (México).

SEMANA 6

ENCUENTRA TU APP IDEAL PARA REGISTRAR GASTOS

Si llegas rayando a la quincena porque no sabes en qué te acabaste el dinero o juras y perjuras que no te alcanza para ahorrar, pero nunca has registrado tus gastos, ¡este ejercicio te caerá perfecto!

Para dejar de vivir en la zozobra, conocer en qué y cuánto gastas para hacer un presupuesto REAL y arreglar tu relajito financiero, la misión de esta semana consistirá en encontrar la app que más te acomode para registrar todos y cada uno de los centavos que gastas a diario, durante al menos un mes.

Tu smartphone será tu mejor aliado para saber en qué se te va el dinero, porque ese no lo sueltas ni para ir al baño y no hay pretexto de "no traigo dónde anotar". Ahora el chiste es encontrar la app que mejor te acomode. Aplícate con estos pasos:

Paso 1. Descarga y date de alta en las 2 aplicaciones de gastos que más llamen tu atención.

Paso 2. Registra, en ambas aplicaciones, todos los gastos que realices durante esta semana: que si el chicle, que si el tarjetazo, que si la cervecita, etcétera. ¡Tooodos!

Paso 3. Evalúa, al terminar la semana, cuál de las 2 aplicaciones te gustó más y responde a tus necesidades.

Paso 4. Quédate con la aplicación de tu preferencia y continúa con el hábito de registrar cada centavo que gastas a diario por lo menos un mes.

¿Ni idea de por dónde empezar a buscar? Te dejo las aplicaciones gratuitas de finanzas personales disponibles para iOS y Android, mejor rankeadas:

	Finerio	Fintonic	Money Manager Expense & Budget	Intuit Mint
Categorías de gastos automática	✔	✔	✘	✔
Creación de presupuestos	✔	✔	✔	✔
Vincula cuentas bancarias en México	✔	✔	✔	✘
Registro manual de ingresos y egresos de efectivo	✘	✔	✔	✔
Establece límite de gastos	✔	✔	✔	✔
Muestra gráficas y estadísticas	✔	✔	✔	✔
Puedes exportar a Excel	✘	✔	✔	✔
Tiene recordatorios o notificaciones	✘	✔	✔	✔
Página de internet	✔	✔	✘	✘*

*Tiene página de internet, pero es difícil contactarlos.

Si estás fuera de México puedes buscar en Google Play o App Store cuáles tienen mejores calificaciones en esta categoría y analizarlas con la tablita.

Al saber en qué se te va el dinero, reconocerás qué gastos puedes eliminar o ajustar para llegar a la quincena. Registrando tus gastos un mes también tendrás información real para hacer un presupuesto y podrás destinar más dinero a tus metas, al fondo de emergencias, a tus inversiones, al retiro o pagar deudas, etcétera.

Cuéntanos en redes cuál fue tu app favorita y tus hallazgos de gastos usando #RetosFinancieros.

6 LUNES

GASTOS
$ $ $

- Para bajarle a tus gastos puedes: eliminar, reducir, espaciar o sustituir.

7 MARTES

GASTOS
$ $ $

FEBRERO

GASTOS

 MIÉRCOLES

• ¿Ves las moneditas en la parte de "Gastos" de cada día? Deja en blanco si no gastaste, colorea una si fue poco, 2 si fueron gastos promedio y ¡3 si te pasaste ese día!

GASTOS

 JUEVES

• ¿Celebrarás San Valentín? Ve presupuestando y pensando opciones atípicas para que no te salga carísimo.

10 VIERNES

GASTOS $ $ $

F

---

11 SÁBADO

GASTOS $ $ $

• El ahorro es un tema de prioridades, no de privación. Detecta las tuyas.

---

12 DOMINGO

GASTOS $ $ $

• ¿Cómo vas con el registro de gastos? Acuérdate de anotarlos en tu app. No aplica eso de "el perro se comió mi presupuesto".

SEMANA 7

¡ALTO! NO TE VAYAS A VIVIR CON ALGUIEN SIN HABLAR DE $$$

Siempre me ha parecido súper suicida que las parejas se vayan a vivir juntas o se casen sin antes hablar de dinero. Te puedes llevar muchas sorpresas —y no de las padres—, y convertirse en una fuente gigantesca de conflictos.

Si te mueres por dar ese paso o ¡ya hasta lo diste! ¿Sabes cuánto gana y cuánto debe? ¿Acordaron cómo repartirán los pagos?

Para pasarla juntos increíble es muy bueno conocerse mejor financieramente y para eso es importante hablar de:

1. Sus metas a nivel personal y en conjunto, si no las conocen. ¿Cómo saben si van en la misma dirección? Además, como es la parte más amable y bonita de la lana, es la mejor para empezar.
2. Sus ingresos mensuales netos. Si son Godínez, escriban su sueldo neto. Si son independientes o freelance, sería un promedio de lo que reciben después de impuestos (sabemos que puede ser variable).
3. Sus prioridades de gasto y las cosas que sienten que son un tiradero de dinero a la basura. Esta parte es importante que la escuchen sin juzgar, tratando de obtener información porque será la base de su presupuesto y acuerdos a futuro, pero también les ayudará a entenderse mejor.
4. Sus hábitos de ahorro. ¿Ya tienen algo? ¿Están en ceros? ¿Aplican el "quítamelo que me lo gasto" o sólo lo hacen muy de vez en cuando?
5. Sus deudas y obligaciones. ¡ALERTA, ALERTA! Este punto es de los más importantes, pues les permitirá conocer los compromisos financieros del otro ¿Cuánto deben a la tarjeta? ¿Cuánto abonan mensualmente? ¿Qué otros créditos tienen? ¿Quién depende económicamente de cada uno de ustedes: padres, hijos, hermanos, abuelos, etcétera?

Ahora que tienen un mejor panorama de cada uno es momento de ver cómo van a manejar el dinero:

1. Definan cómo pagarán los gastos. Muchas veces vale la pena definir cuáles serán "los tuyos, los míos y los nuestros", y siempre es importante que cada quien mantenga una partida monetaria en la que no le tenga que rendir cuentas al otro. Para dividir los gastos comunes no hay una regla. Todos los acuerdos se valen.
    - Algunas parejas pagan todo 50/50 sin importar cuánto gana cada quién.
    - En otras, quien gana más lleva los gastos básicos y cotidianos, mientras quien gana menos paga salidas o vacaciones.
    - Algunos dividen todos los gastos de forma equitativa a los ingresos o hacen una bolsa común también siguiendo este principio.

Hablen de qué opinan de cada opción y lleguen a un acuerdo que consideren justo. Si de plano no saben ni cuánto son sus gastos en conjunto, registrarlos en apps durante un mes puede ser una GRAN idea. Este punto también es súper importante porque les dará claridad de cuánto y qué deberá pagar cada uno.

2. Elaboren un presupuesto de los gastos comunes. Puede ser que incluyan la renta o hipoteca de la casa, servicios indispensables (luz, agua, gas, internet, mantenimiento, teléfono, etcétera), ahorro para las metas conjuntas, comida, despensa, transporte, gasolina, entretenimiento. Pueden echarle un ojo al ejercicio de la semana que viene si quieren instrucciones paso a paso.

Si les da un poco de pena tener "la plática", ¡escríbanlo en el formato de dinero en pareja que pueden obtener por correo al registrarse en www.pequenocerdocapitalista.com/agendaretos2023!

Ahora que ya tienes un panorama de cómo será su relación financiera cuando se vayan a vivir juntos, no olviden conversar constantemente, para saber qué necesitan ajustar sobre el camino para que no afecte sus metas financieras personales y conjuntas.

FEBRERO

GASTOS

13 LUNES

• Existen apps como Splitwise que permiten poner qué paga cada quien y se pueden usar para los gastos en pareja o con roomies, para viajes, metas conjuntas...

GASTOS

14 MARTES

• Día del amor y la amistad. ¿Y si este año sales del regalo y típica cena romántica y regalas una experiencia? Puede ser más memorable e incluso más barato.

15 MIÉRCOLES

GASTOS $ $ $

F

---

16 JUEVES

GASTOS $ $ $

• ¡No apliques "lo tuyo es mío" con las deudas de tu pareja! Se vale aconsejar, pero no ayuda a largo plazo asumirlas y quitarle la responsabilidad.

FEBRERO

GASTOS
$ $ $

17 **VIERNES**

GASTOS
$ $ $

18 **SÁBADO**

• ¿Cambió su vida? ¡También hay que revisar y renovar los acuerdos financieros de pareja!

GASTOS
$ $ $

19 **DOMINGO**

SEMANA 8

PASO A PASITO PARA EL PRESUPUESTO

¿Te es familiar: "No sé en qué me gasté mi dinero", "es que no me alcanza con lo que ganó", "me lo compro, para eso trabajo" y te pasa que llegas al final de la quincena o mes sin un centavo en la bolsa porque no tienes ni idea de tus gastos?

Esta semana prepararás el terreno de tus finanzas al priorizar tus metas financieras, arreglar tu relajito financiero y eliminar los obstáculos que te impiden ahorrar. ¿Y cómo harás lo anterior? Te lo digo simple y sencillito: vas a elaborar un presupuesto paso a pasito de cuánto ganas, cuánto gastas y cuál es la diferencia entre ambos. ¿Estás listo?

1. Vete al formato de presupuesto al inicio del mes o si prefieres hacerlo electrónico regístrate en www.pequenocerdocapitalista.com/agendaretos2023 para que te llegue a tu mail.
2. Anota tus ingresos mensuales netos, es decir, el dinero libre de impuestos o retenciones. Si eres godín incluye tu salario neto. Si eres freelance, el pago por honorarios o facturas (puedes poner el promedio o irte al presupuesto para ingresos variables de la semana 27). No olvides añadir tooodos tus ingresos constantes: vales de despensa, ingresos por negocios o rentas, etcétera.
3. En una hoja aparte haz un listado de todos los gastos. No el aproximado, sino todo lo que gastas cada mes (desde la paletita o chicle que compraste afuera de la oficina hasta el pago de hipoteca o renta del depa). Para que no te ataque la memoria de pez beta y tengas un panorama más claro, checa tu registro de gastos del ejercicio de la semana 6.
4. Acomoda tus gastos en el presupuesto según su tipo y del más al menos importante. Incluye:
    - **Ahorro.** Recuerda que siempre debe ser tu primera categoría y tratarla como un gasto que no puedes eliminar, como si fuera la renta o la comida.

- **Gastos fijos.** Aquí entran todos los que haces mes con mes o periódicamente y tienen el mismo monto o similar cada vez. Revisa la siguiente tabla en la que te dejo algunos ejemplos.

Categoría	Tipo de gasto fijo
Alimentación	Despensa, supermercado, tianguis, frutas, verduras, etcétera.
Vivienda	Hipoteca, renta, mantenimiento, etcétera.
Servicios	Agua, luz, gas, internet, teléfono, etcétera.
Transporte	Gasolina, pasaje, estacionamiento, pensión, crédito del automóvil, etcétera.
Seguros	Vida, retiro, automóvil, etcétera.
Educación	Colegiaturas, cursos, talleres, etcétera.
Dependientes económicos	Mensualidad o manutención de padres, abuelos, hijos, mascotas, etcétera.
Suscripciones	Gimnasios, servicios streaming de video o audio, etcétera.

- **Gastos variables.** Estos pueden cambiar de un mes a otro... y en algunos casos, al no ser gastos básicos como comida a domicilio o salidas, es más fácil darles un tijeretazo.

Categoría	Tipo de gasto variable
Entretenimiento	Cine, teatro, conciertos...
Arreglo personal	Ropa, servicios de estéticas, salón de belleza o barbería, cosméticos, tratamientos, etcétera
Recreación personal o familiar	Vacaciones, comidas, fiestas, etcétera.
Comidas	Restaurantes, antojos, comida a domicilio, etcétera.
Celebraciones	Regalos, disfraces, etcétera.

5. Haz cuentas. Réstale el total de tus gastos a tus ingresos.

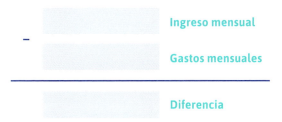

- Ingreso mensual

  Gastos mensuales

  Diferencia

Si tus gastos son mayores a tus ingresos ¡micro infarto! deberás comenzar a recortar gastos variables, ver la forma de reducir los fijos o comenzar a generar más ingresos. Ahora, si tus ingresos son iguales a tus gastos hay que ver cómo se eliminan algunos gastos y cómo tener mayores ingresos para meterle más al ahorro. Finalmente, si tus ingresos son mayores a tus gastos, ¡felicidades! Eres un pequeño cerdo capitalista con finanzas sanas.

FEBRERO

GASTOS

 20 LUNES

• Usa una aplicación para registrar todos tus gastos y reconocer en qué se te va el dinero.

GASTOS

 21 MARTES

• Ajusta tu presupuesto cada que se presente un cambio en tu vida, ya que tus prioridades y necesidades también cambiarán.

22 MIÉRCOLES

GASTOS $ $ $

F

- Reduce un gasto fijo; por ejemplo, si tienes automóvil túrnate con otros compañeros de trabajo para darse un ride.

23 JUEVES

GASTOS $ $ $

FEBRERO

GASTOS

 VIERNES

• En tu presupuesto incluye una partida para los gustitos. ¡No olvides que deben ser de vez en cuando y no diarios!

GASTOS

 SÁBADO

• ¿Tienes varias suscripciones de streaming? Elimina la que menos uses u opta por un plan familiar ¡No hay tiempo para ver todo!

GASTOS

 DOMINGO

SEMANA 9

CREA TU FONDO PARA LOS PLACERES

Eso de ahorrar y ahorrar y nunca disfrutar ¡no es vida! De hecho, uno de los errores más comunes al empezar a arreglar tu relajito es olvidarte de hacer un huequito en tu presupuesto para las cosas que más te gustan, porque o acabas tirando la toalla por llevar una vida de monje o sin planearlo te gastas un dineral cuando la ocasión se presenta.

El mejor antídoto es crear un fondo para los placeres, es decir, generar ahorros que ya estén "etiquetados" para hacer estas actividades de disfrute sin culpa, sin endeudarnos, sin embarcarnos a mil meses sin intereses o querer vender un riñón para disfrutarlas.

Van los pasos:

Paso 1. Puedes irte por un fondo para los placeres en general —por si tu banda favorita de la prepa hace reencuentro sorpresa— o pensar en una actividad específica que quieras hacer, se vale que sea algo de entretenimiento, bienestar o aprendizaje.

Paso 2. Escribe cuánto quieres tener disponible, según lo que hayas gastado en eventos pasados, o cuánto necesitas para satisfacer ese gustito. Si es un concierto o festival, no sólo tomes en cuenta el costo del boleto, sino todo lo que gastarás en comida, bebida, gasolina, estacionamiento o pasaje. Sí, el Uber, la red de transporte público o el metro también entran en ese presupuesto: _____ .

Paso 3. Cuenta el número de semanas, quincenas o meses que tienes para ahorrar (por ejemplo, si el concierto es en octubre —muchos festivales y conciertos son en ese mes— tienes casi 8 meses para juntar esa lana; o si quieres tenerla en 4 meses por si sale alguna preventa).

Paso 4. Divide el costo total entre las semanas, quincenas o meses que necesitas ahorrar para llegar al objetivo. Así de fácil: supongamos que tu presupuesto total es de 250 dólares (5 mil pesos mexicanos aproximadamente) si lo quieres reunir en 25 semanas tendrás que ahorrar 10 dólares a la semana; para hacerlo en 12 quincenas, 20.83 o 50 dólares para lograrlo en 5 meses. Ahora haz tu propio cálculo:

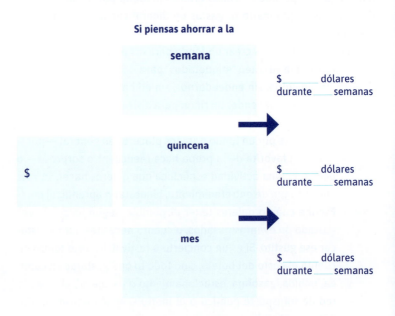

Paso 5. Empieza a ahorrar esa cantidad todos los meses y cuando llegue el momento, ¡disfruta sin culpa financiera!

27 LUNES

GASTOS $ $ $

F

- ¿Tienes un viaje que siempre has deseado y no se te hace? ¡Comienza tu fondo para los placeres!

---

28 MARTES

GASTOS $ $ $

MARZO
Libérate: sal de deudas y utiliza el crédito a tu favor

DOMINGO	LUNES	MARTES	MIÉRCOLES	JUEVES	VIERNES	SÁBADO
			1	2	3	4
5	6	7	8	9	10	11
12	13	14	15	16	17	18
19	20	21	22	23	24	25
26	27	28	29	30	31	

RECORDATORIOINKS

PRESUPUESTO DEL MES

INGRESOS	MONTO

AHORRO	MONTO

GASTOS FIJOS	MONTO

GASTOS VARIABLES	MONTO
TOTAL	

MARZO

GASTOS

 MIÉRCOLES

• Métele turbo a tu fondo para los placeres vendiendo ropa, aparatos u objetos que ya no uses en redes sociales o páginas de ropa de segunda mano.

GASTOS

 JUEVES

3 VIERNES

GASTOS $ $ $

- El fondo para los placeres te puede motivar para ser más constante en el ahorro, para metas de más largo plazo porque esas actividades cuentan como recompensa.

4 SÁBADO

GASTOS $ $ $

5 DOMINGO

GASTOS $ $ $

- ¿Tu fondo para los placeres incluye viajes? Planea con meses de anticipación para que te rinda (8 para destinos internacionales, al menos 2 para nacionales).

SEMANA 10

USA TU TARJETA DE CRÉDITO A TU FAVOR

Muchas veces escuchamos con orgullo a alguien que dice que no tiene tarjetas de crédito, como si usarlas fuera el peor error que una persona puede cometer.

La verdad es que tener sólo las tarjetas de crédito que necesitas —más de 3 es abuso— y manejarlas correctamente te puede abrir muchas puertas, como tener acceso a créditos más grandes para adquirir un coche o una casa.

Y si las usas responsablemente, entendiendo que no es una extensión de tus ingresos, hay muchas formas, que no siempre pelamos, para que las aproveches. Esta semana la idea es que te eches una buena radiografía de tu tarjeta y encuentres más formas de usarla a tu favor.

Llena esta tabla:

SÁCALE JUGO A TU TARJETA DE CRÉDITO		
BENEFICIO	**CÓMO USARLA**	**INFORMACIÓN DE TU PRODUCTO FINANCIERO**
Puntos o recompensas	Revisa tu contrato, entra a la página de tu banco o llama para que te expliquen los programas que incluye tu tarjeta. Por ejemplo, programas de lealtad, productos pagados con tus puntos de un catálogo especial, descuentos en eventos, boletos de avión, concierge o beneficios especiales en comercios participantes.	
Conoce tu fecha de corte y fecha de pago	Si haces compras justo después de tu fecha de corte, tendrás 30 días (hasta la siguiente fecha de corte) más los 15 días que te dan entre tu fecha de corte y tu fecha de pago para financiar compras grandes. Más o menos 45 días.	Corte: Pago:
Reembolsos en efectivo	Algunos lugares, como tiendas de autoservicio, tienen convenios con los bancos para regresar un porcentaje de su compra al cliente. Pregunta y aprovecha siempre y cuando tengas el dinero para pagar tu compra. Así sales ganando.	
Domicilia servicios	Los cargos se harán de forma automática y de esa forma no se te olvidan tus fechas límite, además de que sumas puntos para cualquier otra recompensa.	

No olvides que pagar el total de tus gastos mensuales hará que no pagues intereses por tus gastos, conviértete en totalero.

MARZO

GASTOS

6 LUNES

• ¿Lograste registrar a diario tus gastos en una app este mes? ¡AplausOINKs!

GASTOS

7 MARTES

• Si vas a pagar más cosas con tu tarjeta de crédito para aprovechar los puntos y beneficios, ¡deja en casa la de débito para que la puedas liquidar después!

8 MIÉRCOLES

GASTOS
$ $ $

M

- Usa las estampitas de esta agenda para marcar tus días de pago y que no te cobren intereses porque se te olvidó hacerlo a tiempo.

---

9 JUEVES

GASTOS
$ $ $

- Haz planas: "Mi tarjeta no es Santa Claus ni un aumento de sueldo".

MARZO

GASTOS

 VIERNES

• Recuerda: si dejas que una deuda crezca, terminarás pagando mucho más de lo que realmente compraste.

GASTOS

 SÁBADO

GASTOS

 DOMINGO

• Si vas a usar los meses sin intereses, asegúrate de que lo que vayas a comprar dure más tiempo que los plazos que pagarás.

SEMANA 11
RETO 2
TOTALERO POR UN MES

¿Eres de los que paga el mínimo de su tarjeta de crédito o un poco más, pero siempre menos del total? ¿Sabes cuánto estás regalando de tu dinero en intereses por ir dejando saldos pendientes?

Convertirte en un totalero (ese "extraño ser" que paga todo lo que firma cada mes y no paga intereses) pareciera una misión imposible y más si ya tienes tiempo arrastrando una deuda en la que pagas intereses sobre intereses, pero el reto de este mes es el primer paso para lograrlo.

El reto totalero por un mes se trata de que pagues todo, toditito lo que firmes con tu tarjeta de crédito durante este corte en tu próxima fecha de pago (no aplican compras anteriores), si lo logras, hay una modalidad "avanzada" que podrás seguir para decirle "¡Hasta la vista!" a pagar intereses.

Porque sé que aceptarás este reto, que alivianará tu ansiedad financiera, aquí te dejo las instrucciones:

Paso 1. Aprende cómo funciona tu tarjeta de crédito y maneja las fechas a tu favor.

    A) Periodo de gasto: 30 días a partir del corte. Por ejemplo, si tu fecha de corte son los días 24 de cada mes, todo lo que firmes del 24 de marzo al 23 de abril cae en el mismo corte.

    B) Periodo de pago: máximo 20 días para pagar, después del corte (por precaución cuenta 15). Siguiendo con el ejemplo anterior, tendrías del día 24 de abril al 13 de mayo como máximo (20 días, MÁS DE UNA QUINCENA) para pagar todo lo que firmaste en el corte anterior.

C) **Pago de intereses:** comienzan a cargarse a partir del día siguiente de la fecha límite de pago, en los saldos que dejaste pendientes. Por ejemplo: si tu pago era de 1 000 pesos con fecha límite del 13 de mayo y sólo abonaste 200, el banco comenzará a cobrarte intereses, a partir del 14 de abril, sobre los 800 pesos que faltaron. ¿Y cuánto es de intereses? Depende de cada banco. Revisa la tasa en tu estado de cuenta.

Paso 2. Escribe el saldo de la cuenta donde caen tus ingresos, dejando un colchón para lo que ya debías. Éste será tu monto de gasto mensual y lo máximo que puedes firmar con tu tarjeta:

Por este mes no revuelvas: paga sólo con tu tarjeta de crédito y guarda la de débito para tener con qué liquidar esas compras.

Como después del corte tienes 20 días para pagar, es decir, más de una quincena, podrás jinetear tu dinero. Puede que tomes de una quincena una parte proporcional y el resto de la otra, pero tienes que saber de cuánto dispones.

Paso 3. Registra todos los tarjetazos que des durante este corte y réstalos del saldo de tu cuenta, para que cuando llegue la fecha de pago cuentes con liquidez.

Obtén un formato que te puede ayudar, registrándote en www.pequenocerdocapitalista.com/agendaretos2023

Paso 4. Si ves que estás llegando a tu monto de gasto mensual, ¡detente y no firmes nada más! Si no hay dinero en tu cuenta para liquidarlo en la fecha de corte, NO LO PUEDES COMPRAR.

Paso 5. Si resistes la tentación de atiborrar tu tarjeta y liquidas todos los gastos que hiciste este mes antes de la fecha de pago: ¡Reto superado! Compártenos en redes sociales la frase "Ya soy totalero #RetosFinancieros" para que te felicitemos.

¡Bonus!
Si superaste el reto de no dejar sin pagar nada de lo que hayas firmado en el mes, ponte la siguiente meta: ¡Convertirte en totalero al 100% con tus tarjetas en los próximos 6 meses y no volver a pagar intereses!

Para lograrlo suma todos los adeudos que ya tengas en la tarjeta y pagos a meses sin intereses (lo que toca cada periodo), para saber cuánto deberás pagar.

Haz cuentas y planea cómo llegarás a ese total. Comienza a pagar el doble o triple de lo que actualmente abonas para reducir la deuda que tienes y ¡deja de firmar!

El objetivo es pagar cada vez más para que en 6 meses puedas depositar lo que en tu estado de cuenta aparece como PAGO PARA NO GENERAR INTERESES.

¿Lo ves complicado? Si un mes logras no salirte del huacal y evitar firmar a lo loco, ¡seguro puedes entrarle al "modo avanzado" y dejar de deber!

MARZO

GASTOS

 13 LUNES

• ¡Deja de financiar los yates de los banqueros y conviértete en totalero!

GASTOS

 14 MARTES

• El pago mínimo genera intereses máximos.

15 MIÉRCOLES

GASTOS $ $ $

M

- ¡Quincena! Separa lo que necesitarás para pagar tu tarjeta de una vez.

16 JUEVES

GASTOS $ $ $

MARZO

GASTOS

 VIERNES

- Lo que tienes que pagar al mes de tus deudas no debe superar 30% o 40% de tus ingresos (incluye las tarjetas de crédito, créditos hipotecarios, automóvil, etcétera).

GASTOS

 SÁBADO

- ¿Por qué volverte totalero? Incrementarás tus ahorros al dejar de pagar intereses y tendrás una paz financiera que para qué te cuento.

GASTOS

 DOMINGO

- ¿Necesitas una medida extrema? Mete tu tarjeta en una bolsa de cierre hermético, tupper con agua y ¡al congelador!

SEMANA 12

¿PAGO DEUDAS O AHORRO? RESUELVE EL DILEMA

Aunque por costos haría mucho sentido meterle todo tu dinero a tu deuda para pagarla más rápido y reducir intereses, en términos de salud financiera no es la mejor opción, ¿por qué? Porque si no tienes absolutamente nada ahorrado, en el instante en el que tengas un imprevisto, emergencia o bronca: ¿Qué es lo que vas a hacer? Volverte a endeudar, porque no tienes con qué enfrentarla.

Otra gran desventaja de meterle todo a tus deudas es que una vez que pagues será más difícil ahorrar, porque lo más difícil es empezar con ese primer peso, dólar, quetzal, rupia. Ya una vez que abonaste, encarrerarte e irle subiendo es más fácil.

Si acabas de pagar una deuda y no estás ahorrando, aumentan las posibilidades de que se te haga fácil y te endeudes más, pues una parte se debe a tus hábitos.

Muchos de los alumnos de Retos financieros, el curso en línea de Pequeño Cerdo Capitalista, se acostumbraron a ahorrar, incluso invertir esos ahorros mientras pagaban su deuda y al terminar la mensualidad o pago del crédito la destinaban directo a sus inversiones. Como ya tenían el hábito, avanzan rapidísimo.

Como alguna vez platicaba con Isela Muñoz, autora del blog de El Peso Nuestro: todo deudor que se aplica tiene el potencial de volverse millonario, la letra chiquita es justamente adquirir este hábito de ahorrar mientras pagas.

Y no tiene que ser una gran cantidad. De lo que tengas disponible para pagar deudas, le destinarías 90% a tus créditos y 10% al ahorro. Aunque la cantidad del ahorro no es muy grande, psicológicamente hace mucho, te puede ayudar en imprevistos y no afectas tanto la cantidad para avanzar con tu deuda, pero ya tienes un colchoncito.

Va tu tarea de la semana:

Define cuánto puedes destinar al pago de deudas:

Calcula el 90% que le destinarás a tus deudas:

Calcula el 10% que se irá directito al ahorro:

Define dónde pondrás esos ahorros para que no se vayan en otros gastos:

Esto es un proceso, pero si te disciplinas vas a salir de deudas antes de lo que crees. Empieza por responder: "¡Ambas!", cuando te preguntes: "¿Pago deudas o ahorro?"

20 LUNES

GASTOS

- ¿Sabes cuánto debes en total, a quién y a qué costo?
Eso es básico para salir más rápido de tus deudas.

---

21 MARTES

GASTOS

- ¡Hoy inicia la primavera! Aprovecha para sacar triques, venderlos en línea y con eso avanzarle a tus deudas.

MARZO

GASTOS

22 **MIÉRCOLES**

• Todas las deudas son negociables, sólo tienes que encontrar la estructura que te funcione mejor.

GASTOS

23 **JUEVES**

• Muchas deudas ocurren por no tener seguros o ahorros para las emergencias. Resuelve de raíz.

24 VIERNES

GASTOS
$ $ $

M

25 SÁBADO

GASTOS
$ $ $

- ¿Tienes corazón de pollo? Pues quítatelo y no prestes tu tarjeta, es dinero que no tienes y puedes endeudarte por otros.

26 DOMINGO

GASTOS
$ $ $

- Recuerda que si no puedes pagar una reestructura, puedes negociar una quita o reducción, pero deberás de ahorrar antes un porcentaje de la deuda.

SEMANA 13

MIDE PARA MEJORAR

Está por terminar el primer trimestre del año o 25% del 2023. Si lo ves de ese modo es un gran momento para ver cómo vas con tus metas y tu relajito financiero, pues si quieres hacer ajustes mayores o incluso replantear qué quieres este año, ahora es cuando. Y por si te pregunto: "¿Cómo vas?", no me salgas con: "Bien, gracias".

Tu misión de esta semana será llenar esta chula tabla de evaluación y detectar qué afinar para el próximo trimestre.

Este ejercicio lo repetirás cada trimestre y así podrás comparar tu avance en cada periodo.

Si te funciona más tenerla en electrónico, puedes obtener el formato en PDF editable registrándote en www.pequenocerdocapitalista.com/agendaretos2023 y si hay otras cosas que quieras medir, también puedes hacer tu propia versión.

EVALUACIÓN TRIMESTRAL

Trimestre:	Fecha:
MIS INGRESOS MENSUALES:	
MIS GASTOS MENSUALES:	
Porcentaje de mis ingresos que ahorro al mes (promedio de los 3 meses): %	
MONTO TOTAL DE MIS AHORROS:	
Porcentaje de mis ingresos que acaparan mis deudas (mensualidades y al menos el doble del pago mínimo de las tarjetas, si no eres totalero): %	
MONTO TOTAL DE MIS DEUDAS	
Porcentaje de mis deudas totales que he pagado: %	

AVANCE DE MIS METAS*	
Meta 1	%
Meta 2	%
Meta 3	%
¿Qué porcentaje de tu fondo de emergencias has juntado? Recuerda que la meta es tener al menos 3 meses de gastos, aunque lo reúnas en varios años.	
Ingresos extra obtenidos en el periodo.	
Rendimiento de mis inversiones en el periodo.	
¿Ya contrataste los seguros que necesitas? ¿Cuál te falta?	
¿Iniciaste algún #RetOINK2023? ¿Cómo vas?	
¿Qué hice bien con mis finanzas?	
¿Qué me comprometo a mejorar en el próximo trimestre?*	

*Pídele a alguien de confianza que lo lea y firme como testigo. Comparte esa casilla en las redes de Pequeño Cerdo Capitalista con los hashtags #CompromisOINK y #RetosFinancieros.

MARZO

GASTOS

27 LUNES

- Lo que no se mide, no se puede mejorar… aplica para tu relajito financiero.

GASTOS

28 MARTES

- ¡15 días del reto totalero por un mes! ¿Te has gobernado con los tarjetazos?

29 **MIÉRCOLES**

GASTOS $ $ $

M

30 **JUEVES**

GASTOS $ $ $

• ¡Hoy pagan! ¿Cuánto le vas a abonar a tus metas o deudas?

MARZO

 GASTOS

 31 VIERNES

• Si los gastos fueron tu coco ese trimestre, ¡haz tu presupuesto para abril de una vez!

  GASTOS

 1 SÁBADO

• Hablando de evaluar tus inversiones, ¿en términos anuales le ganarán a la inflación?

  GASTOS

 2 DOMINGO

• ¿Qué te comprometiste a mejorar el próximo trimestre en tus finanzas? Cuéntame en redes usando el hashtag #RetosFinancieros.

ABRIL

Estabiliza: prepara tus finanzas para calamidades y aprovecha oportunidades

DOMINGO	LUNES	MARTES	MIÉRCOLES	JUEVES	VIERNES	SÁBADO
						1
2	3	4	5	6	7	8
9	10	11	12	13	14	15
16	17	18	19	20	21	22
23	24	25	26	27	28	29
30						

RECORDATORIOINKS

PRESUPUESTO DEL MES

INGRESOS	MONTO

AHORRO	MONTO

GASTOS FIJOS	MONTO

GASTOS VARIABLES	MONTO
TOTAL	

SEMANA 14

¡ARMA TU FONDO DE EMERGENCIAS!

En finanzas aún no se ha inventado nada tan efectivo para dormir profundamente y a pierna suelta como el fondo de emergencias. Sí, ese guardadito específico para enfrentar imprevistos tan variados desde una reparación de tu casa, visita al veterinario, ¡hasta que te quedes sin chamba o se te caiga el negocio por una pandemia!

Como este mes el objetivo es estabilizar tus finanzas, nada más *ad-hoc* que comenzar a apartar dinero para enfrentar cualquier calamidad o imprevisto.

¿Cuánto debes ahorrar?
Lo ideal es que tengas entre **3 y 6 meses de gastos ahorrados** para las emergencias. Aunque hay situaciones que se pueden salir de ese parámetro —como un desempleo prolongado— al menos tener ese margen te da tranquilidad de que no acabarás en la calle en lo que piensas cómo te reorganizas.

Si ya hiciste cuentas igual te espantaste por la cantidad, pero ¡no te preocupes! Al ser un fondo no tienes que juntar los 3 o 6 meses de un jalón. De hecho, tu tarea de la semana es iniciar con un porcentaje de tus ingresos este mes.

Para reunir un mes de ingresos para tu fondo de emergencias en el transcurso de un año necesitas destinarle 8.3% de lo que ganas, pero si lo ves imposible o semi imposible, elige el porcentaje que quieras, lo importante es comenzar. No olvides separarlo esta semana.

¿Y dónde sería ideal tenerlo?
Lo más importante del fondo de emergencias es que el dinero esté disponible para cualquier momento en el que lo requieras. Lo segundo más importante es que no esté dormidote en tu cuenta de banco sin generar nada.

Las opciones para cumplir con ambas es buscar cuentas en productos de inversión con disponibilidad diaria o máximo quincenal, que te dé algún tipo de interés y sean de bajo riesgo.

Algunos ejemplos pueden ser:

1. Fondos de inversión (o fondos mutuos) de deuda de corto plazo y liquidez diaria.
2. Depósitos a plazos semanales o quincenales, en instituciones de crédito (bancos, sofipos, etcétera).
3. Si estás en México puedes meterlo a Cetes, pero no de un jalón, sino dividiendo los depósitos en varias semanas, para que siempre tengas una parte disponible.

Entonces contesta:

1

Porcentaje de mis ingresos que destinaré al mes a mi fondo de emergencias:

2

Lo resguardaré en:

3 LUNES

GASTOS

• ¿No sabes cuál es el mejor fondo de liquidez para tu fondo de emergencias? En morningstar.com.mx puedes compararlos.

---

4 MARTES

GASTOS

• La mayor ventaja del fondo de emergencias: si hay imprevistos no te endeudas ni cancelas tus metas.

ABRIL

GASTOS
 $ $ $

5 MIÉRCOLES

GASTOS
$ $ $

6 JUEVES

• Pagar la tarjeta no es una emergencia porque el recibo llega cada mes. Ese gasto métalo en tu presupuesto.

7 VIERNES

GASTOS

A

8 SÁBADO

GASTOS

- Los 3 tipos de ahorro que debes tener son: para tus metas, emergencias y retiro.

9 DOMINGO

GASTOS

- Tu tarjeta de crédito NO cuenta como fondo de emergencias. Si la usas para el imprevisto y no tienes ahorros, ¿con qué la liquidarás después?

SEMANA 15

¡ESCUDO PROTECTOR! ACTIVA TU BLINDAJE CON SEGUROS

Si algo puede desestabilizar tus finanzas y fuerte es tener alguna enfermedad o accidente costoso, choque, daño en tu casa o negocio y no tener seguros.

Y para colmo es Ley de Murphy que cuando no tienes seguro o se te venció es cuando te pasan más calamidades.

La protección es básica para que realmente logres tener unas finanzas todo terreno, así que el ejercicio de esta semana es que le des un repaso a los principales seguros, para saber cuáles requieres y que les asignes una prioridad del 1 al 7 para irlos contratando.

Un gran complemento para que la protección sea efectiva es tener un buen agente de seguros, pues la compra es muy fácil, pero al momento de la reclamación cambia mucho si tienes alguien que te apoya y le sabe. Así que ve pidiendo referencias con tus conocidos.

TIPO DE SEGURO	FUNCIÓN	¿YA LO TENGO?	PRIORIDAD DE CONTRATACIÓN (DEL 1 AL 7)
Gastos Médicos Mayores	Cubrir los gastos por padecimientos, enfermedades y accidentes.		
Vida	Para proteger a tus dependientes económicos en caso de fallecimiento o invalidez dependiendo de tu póliza.		
Auto	Para proteger tu vehículo, a ti y a otros en caso de accidente. Es obligatorio para circular.		
Casa habitación	Cubre los daños a tu vivienda y los que puedas causar a terceros (Por ejemplo: si se inunda tu departamento y daña el de tu vecino).		
Daños (equipo, celulares, etcétera)	Te indemniza o repone equipo (según cobertura) en caso de accidente o robos.		
Responsabilidad Civil Profesional (si tu trabajo lo requiere)	Hace frente a los daños personales, materiales y consecuenciales que, involuntariamente, por errores u omisiones, el profesional haya podido causar a sus clientes.		
Seguro de inversión	Garantiza fondos para metas a futuro como el retiro o la educación para tus hijos.		

ABRIL

GASTOS

 LUNES

• Como ya viene la declaración anual, te recuerdo que los seguros de gastos médicos y para el retiro son deducibles de impuestos.

GASTOS

 MARTES

• Con los seguros entre más sanito y jovenazo, mejor. Luego en los "tas" empiezan los achaques y hay cosas que no te cubren.

12 MIÉRCOLES

GASTOS
$ $ $

A

13 JUEVES

GASTOS
$ $ $

• Hay versiones más accesibles para protegerte como los seguros básicos estandarizados.

ABRIL

GASTOS
$ $ $

14 VIERNES

• Viernes ¡y de quincena! Cuidado con el "me lo merezco".

GASTOS
$ $ $

15 SÁBADO

• La suma asegurada recomendada para seguros de vida es de 5 a 10 años de los gastos de la familia.

GASTOS
$ $ $

16 DOMINGO

• ¿Cómo vas con el reto de ser totalero por un mes? Recuerda: si no lo vas a pagar, no lo debes firmar.

SEMANA 16

¿BUSCAS OPORTUNIDADES O LAS ESPERAS SENTADO?

¿Te has dado cuenta que hay personas que parecen un imán de oportunidades y otras que de plano están súper saladas y nada les llega? ¿Con cuál te identificas tú?

Aunque no lo creas, el conseguir más oportunidades es una habilidad por desarrollar, que puede ser muy útil ante escenarios inciertos.

Esta semana te compartiré el test de una de las clases de mi curso Retos financieros, para que midas tu enfoque hacia las oportunidades y también identifiques qué podrías mejorar para conseguir más. ¿Listo para responder?

1. Siendo honesto tu enfoque con las oportunidades es:
   A) Activo (buscarlas)
   B) Pasivo (esperarlas)
   C) Nunca me caen

2. ¿Estás buscando activamente algún tipo de oportunidad específica?
   A) Sí, ya la tengo clarísima y me he puesto en marcha
   B) No lo había pensado, la verdad
   C) Nunca me llegan o estoy bloqueado

3. ¿Qué tan seguido te pones a explorar temas por curiosidad o sólo por gusto de aprender?
   A) Siempre estoy aprendiendo
   B) De vez en cuando
   C) La verdad no lo hago

4. Cuando algo no funciona o falta:
   A) Siempre se me ocurre cómo mejorarlo o hasta doy sugerencias
   B) Lo noto, pero no hago mucho
   C) Me quejo y me frustro

5. ¿Con cuánta frecuencia piensas en cómo podrían colaborar ciertas personas, cómo se podrían combinar ciertos elementos, en ideas millonarias o en quién puede ayudarte en algo?
   A) ¡Todo el tiempo!
   B) De vez en cuando, aunque no concreto
   C) Casi nunca

6. Cuando tienes una idea de algo:
   A) Siempre busco cómo ejecutarla
   B) Suelo planificarla, pero no empiezo si no la tengo súper clara y estoy 100% seguro de que va a funcionar
   C) Encuentro todos los contras y no la llevo a cabo

7. Cuando te dicen que NO o hay un obstáculo:
   A) Busco otra forma de llegar al resultado, escucho y hago una propuesta
   B) Me agüito y hago otra cosa
   C) Abandono y me causa más inseguridad para la siguiente idea que tengo

8. Una vez que te encarrilas en algo:
   A) Busco la forma de optimizarlo o seguirlo creciendo
   B) Soy constante, pero no le muevo mucho
   C) Me quedo contento con el logro, pero me da miedo de perder lo que conseguí

9. Cuando ya lograste algo:
   A) Busco la siguiente oportunidad
   B) Me empiezan a dar ganas de hacer más, pero me tardo
   C) Lo protejo para no perderlo

- **Mayoría de A:** tu enfoque es de búsqueda de oportunidades; ya tienes la actitud, ahora sólo te falta la técnica. Ve en qué preguntas tuviste B o C.
- **Mayoría de B:** tu enfoque es más hacia esperar las oportunidades, pero no es totalmente cerrado. Es importante que trabajes con tu perspectiva y ser más activo para que veas un crecimiento. Puede que el miedo al NO o la falta de constancia sean tu talón de Aquiles y que te falte confianza para resolver poco a poco los obstáculos que se te presentan y así lograr tus objetivos. Recuerda: como dice Dan Sullivan de *Strategic Coach*: "Tu obstáculo es tu solución".
- **Mayoría de C:** todo indica que caerías en la categoría de "salado". Tienes una perspectiva de que a ti nunca te llegan las oportunidades y cuando sí, no te salen las cosas. También te falta confianza en ti.

    Puede que hayas tenido situaciones en el pasado que reforzaran esas ideas o que te faltaran las herramientas, pero lo primero que tienes que hacer es dejar de comprarte esa visión, saber que puedes descifras las cosas y empezar a tomar pequeños riesgos.

    Reconocer que requieres ayuda, que hay otros que están dispuestos a echarte la mano y aprender a pedirla puede ser un gran paso para abrirte a las oportunidades.

    Última sugerencia: comienza a cultivar tu curiosidad y a llenarte de estímulos en los temas que te llamen la atención. Tienes mucho más potencial del que crees.

Ahora que ya viste tu enfoque, ¿cuál es la pregunta que más te movió y la respuesta que quieres cambiar?

Trabaja mucho en eso esta semana y cuéntanos en redes si empezaste a ver más oportunidades usando el hashtag #RetosFinancieros.

ABRIL

GASTOS

 LUNES

• "Las oportunidades en los negocios son como los autobuses: siempre hay otra viniendo", Richard Branson, fundador de Virgin.

GASTOS

 MARTES

19 MIÉRCOLES

GASTOS $ $ $

- Ya queda poco tiempo para presentar tu declaración anual, ¡aplícate!

---

20 JUEVES

GASTOS $ $ $

- Si nadie sabe de las oportunidades que buscas, ¿cómo te van a ayudar?

ABRIL

GASTOS

21 VIERNES

- Y si al recibir un "no", preguntas ¿por qué?, en lugar del fin puede ser el inicio de una conversación, recomienda la negociadora Mori Taheripour.

GASTOS

22 SÁBADO

GASTOS

23 DOMINGO

- ¡Día del Libro! Busca uno de negocios en la sección de libros recomendados de pequeñocerdocapitalista.com para encontrar más oportunidades.

SEMANA 17

"SE BUSCA" OPORTUNIDAD DORADA

¿Cómo vas a encontrar algo si no sabes qué andas buscando? Esto es algo que aplica perfectamente al tema de las oportunidades.

La semana pasada ya mediste qué tanto te enfocas en encontrar oportunidades o sólo esperarlas. Ahora hay que ir un paso más allá y definir qué tipo de oportunidades buscas.

¿Para qué te va a servir? Primero para estar más alerta a cualquier posibilidad que te dé entrada a lo que buscas; segundo, porque si sabes qué buscas se lo puedes comunicar a otros y, tercero, porque es muy probable que si lo tienes más claro se te ocurran más formas de hacerlo.

La oportunidad que definas puede aplicar en cualquier aspecto relacionado con tus finanzas o ingresos: ahorrar más, una inversión, un nuevo empleo, negocio, desarrollo o visibilidad laboral.

Lo importante es que le des alguna característica a lo que buscas: ¿Qué te gustaría que te permitiera hacer?

Y si además le puedes poner algún indicador o meta cuantificable, ¡eso sería la cereza del pastel!

Un ejemplo puede ser: me gustaría encontrar una oportunidad de inversión a mediano plazo para...

Busco una oportunidad laboral, en la que gane 20% más que ahora y pueda aprender de

_____

(campo que siempre te ha interesado).

Ahora te toca a ti. Una vez que tengas clara la oportunidad, ¡afina tu radar y habla con personas que creas que sepan del tema o te conecten con alguien que sepa!

24 LUNES

GASTOS $ $ $

• Una caída fuerte en los mercados puede ser una oportunidad de inversión. En lugar de apanicarte, analiza si a largo plazo ganarás.

25 MARTES

GASTOS $ $ $

• Bien dice el dicho "el que no arriesga, no gana". Aplica para negocios, inversiones... ¡y la vida misma!

ABRIL

GASTOS

26 MIÉRCOLES

GASTOS

27 JUEVES

• ¿Has notado que algunas personas se hunden con las crisis, pero otras de plano las usan para despegar económicamente? ¡Es por su enfoque con las oportunidades!

28 VIERNES

GASTOS $ $ $

- ¡Llegó el día de pago! Separa el dinero para tus metas.

29 SÁBADO

GASTOS $ $ $

- ¿Has escuchado que en las crisis siempre hay oportunidades? Esto se debe, en parte, a que cuando hay algún cambio se abren posibilidades.

30 DOMINGO

GASTOS $ $ $

- ¡Día del Niño! ¿Qué querías ser de grande? Yo decía que "rica millonaria" :P

MAYO
Genera: ideas para ingresos extra

DOMINGO	LUNES	MARTES	MIÉRCOLES	JUEVES	VIERNES	SÁBADO
	1	2	3	4	5	6
7	8	9	10	11	12	13
14	15	16	17	18	19	20
21	22	23	24	25	26	27
28	29	30	31			

RECORDATORIOINKS

PRESUPUESTO DEL MES

INGRESOS	MONTO

AHORRO	MONTO

GASTOS FIJOS	MONTO

GASTOS VARIABLES	MONTO
TOTAL	

SEMANA 18

EL SECRETO PARA GENERAR MÁS INGRESOS

¿Alguna vez te has preguntado por qué a ciertas personas les es más fácil generar ingresos o tienen más ideas para producirlos?

Yo he llegado a la conclusión de que el nivel de ingresos que logramos tiene más que ver con los modelos de ingresos que hemos tenido cerca, que con nuestras capacidades.

¿Cómo? Si en tu familia siempre han tenido ciertos trabajos —doctores, empleados del sector público o privado, contadores—, en tu cabeza la lógica de ingresos son esos trabajos. Si te rodeas de gente con negocios, tu referencia serán más los negocios.

Mi papá fue consultor independiente, por lo que durante una gran parte de mi vida mi modelo de ingresos fue ése y me costó entender que tenía que contratar gente para tener un negocio. Quería hacerlo todo yo: era autoempleada y crecía más lento porque no me daba la vida. También estaba en un sector bastante tradicional, en ese entonces lo digital —pese a tener un blog— no era la opción más obvia de ingresos para mí. Fue hasta que por mi trabajo como periodista empecé a conocer a personas con negocios que lo vi como una opción, y entendí la lógica de cómo generaban ingresos. Después, pese a tener varios libros, cursos y conferencias tampoco veía los cursos en línea como una opción viable de negocios, hasta que conocí a gente que lo hacía muy bien y tenía un negocio rentable.

Tener cerca un nuevo modelo de generación de ingresos te puede abrir la mente… y facilitarte a llenar la cartera.

Esta semana debes investigar 3 modelos de hacer dinero; tienen que ser diferentes y que generen ingresos mayores a como lo has estado haciendo.

Si eres empleado, puedes preguntarle a un freelance o a alguien con un negocio. También podría ser una persona que trabaje para una empresa, pero que tenga un puesto o tipo de compensación distinta. Si tienes sueldo fijo, consulta a alguien que tenga bonos o comisiones e investiga cómo los gana.

	Modelo	Descripción
1		
2		
3		

Si ya tienes un negocio, acércate con un competidor o colega que genere o cobre más que tú, para conocer sus estrategias: ¿Tiene formas distintas de cobrar (producto premium o por suscripción)? ¿Una estructura de empresa distinta? También puedes inspirarte en otras industrias distintas a tu sector, para salir del modelo de siempre.

Sea como sea tu modelo actual puedes investigar algo totalmente diferente para encontrar ideas nuevas.

- ¿Qué es lo que hace distinto?
- ¿Cómo hace dinero? ¿Tiene productos o servicios? ¿Los brinda directamente o a través de otros?
- ¿De dónde sale el dinero? ¿Quién paga? ¿Cuál es el valor que aporta o qué es lo que la gente paga realmente?
- ¿Lo hace individual o en equipo? ¿Cómo reparte el trabajo?
- ¿Su forma de cobrar es diferente? ¿Cuáles son sus costos?
- ¿En qué es diferente su preparación o conocimientos?
- ¿Cuáles son los factores críticos para crecer los ingresos en su modelo?

Este primer paso es para que abras la mente, pero una vez que conozcas otras formas de hacer ingresos pregúntate cómo podrías aplicarlas tú y ponte en acción.

El nuevo modelo para generar ingresos que quiero probar es:

MAYO

GASTOS

 LUNES

• Día del Trabajo. Con un twist en el modelo que te inspiró, el tuyo puede generar más ingresos.

GASTOS

 MARTES

3 MIÉRCOLES

GASTOS $ $ $

- Si ya se venden rastrillos o hasta perecederos, aprendizaje y entretenimiento por suscripción, ¿no hay algo que tú puedas vender así también?

4 JUEVES

GASTOS $ $ $

- Nuestro miedo a probar nuevas cosas (por ejemplo, vender) nos puede impedir generar nuevos ingresos.

MAYO

GASTOS
$ $ $

5 VIERNES

• ¿Se te da lo de ser "socialitos"? Aplícalo a lo profesional: crecer tu red también te expone a nuevos modelos.

GASTOS
$ $ $

6 SÁBADO

GASTOS
$ $ $

7 DOMINGO

• ¿Ya ahorraste lo que te toca este mes de tu fondo de emergencias? ¡Aplícate!

SEMANA 19

MEJORA TU PERFIL PROFESIONAL PARA GANAR MÁS

¿Por qué pagas más: por un teléfono de hace 7 años o por el último modelo con el sistema operativo más actualizado? Me imagino que la segunda opción, porque puede hacer lo que requieres más eficientemente o hasta tiene nuevas capacidades.

Y dirás: "Ésta ya se perdió, ¿qué tiene que ver conmigo?" Pues, aunque no seas un smartphone, si tu última "actualización" —curso, capacitación, certificación— fue hace 5 o más años, te urge una para generar más ingresos.

El ejercicio de esta semana consistirá en buscar un curso, taller, diplomado, etcétera, que te permita ser más competitivo, tenga un impacto en tu carrera y en tus ingresos.

Para saber cuál elegir, analiza qué necesitas para avanzar al siguiente nivel en tu carrera o negocio y define tu objetivo de aprendizaje. Anota por qué es importante, cómo impactará en tu vida laboral y en tus ingresos; por ejemplo, "curso de inglés de negocios, para buscar un ascenso en operaciones internacionales e incrementar mis ingresos 30%".

Ahora que ya tienes definido por qué y para qué lo necesitas en tu vida profesional, busca opciones en línea o presencial, con base en 3 criterios: impacto en tu currículum, costo y duración. Ponle una calificación del 0 al 3 en cada rubro y decide cuál te conviene.

Curso, certificación, diplomado	Impacto en mi CV	Costo	Duración y horarios	Total

En cuanto a los costos es importante saber si los puedes cubrir con tu sueldo mensual o tendrás que hacer ajustes a tu presupuesto. También puedes negociar con tu empleador si pueden compartir el pago o preguntar si tienen fondos para capacitación. Incluso puedes iniciar un ahorro específico para tu formación profesional y tomarlo en algunos meses.

Capacitarte estratégicamente para avanzar en tu carrera es una gran forma de aumentar tus ingresos y abrirte a nuevas oportunidades.

8 LUNES

GASTOS $ $ $

- ¿No se te ocurre qué curso tomar? Busca vacantes de puestos a los que aspires y checa qué piden.

9 MARTES

GASTOS $ $ $

- Al buscar una capacitación puedes irte por lo técnico o si vas a una dirección también considera "habilidades blandas".

MAYO

GASTOS

10 MIÉRCOLES

- Día de las Madres.

GASTOS

11 JUEVES

- Actualiza inmediatamente tu CV y perfil en LinkedIn con cada nuevo curso o taller que tomes.

12 VIERNES

GASTOS

- Define metas claras de qué quieres y hacia dónde vas en tu carrera profesional.

13 SÁBADO

GASTOS

- Otra razón para actualizarte: ampliar tu red de contactos —compañeros y profesores— y abrirte nuevas puertas laborales.

14 DOMINGO

GASTOS

- ¿Qué capacitación te permitirá ser EL o LA especialista en tu tema?

SEMANA 20
RETO 3
RENTA UN CUARTO 8 DÍAS

¿Sabes cuánto es el ingreso al año por rentar una casa? ¿Te imaginas rentar ese cuarto de triques y tener una lana extra cada mes? De acuerdo con datos de la famosa plataforma digital que termina con "bnb", una casa completa para 4 personas en la Ciudad de México, puede generar hasta 22 741 pesos mensuales (1 100 dólares aproximadamente) ¡Y tú usando una recámara como bodega!

El reto de este mes te permitirá arar el terreno de las oportunidades, pues conocerás cómo abrirte paso en el alquiler de un espacio de tu casa, al menos una habitación, para generar un ingreso extra que te permita pagar gastos fijos: teléfono, luz, internet, gas, transporte, etcétera, o para agilizar alguna de las metas que te propusiste al inicio de año.

¿Estás listo? El reto consistirá en que rentes 8 días de un mes (pueden ser sólo los fines de semana) una recámara o tu depa completo, para que evalúes si esta forma de ingresos extra funciona para ti y puedes dejarlo como un hábito por el resto del año. ¡Manos a la obra!, porque, como diría mi abuelita, el tiempo es oro.

1. Limpia ese bodegón, digo esa habitación, decórala bonito y sácale las mejores fotos para subirlas a Airbnb, Booking o la plataforma que prefieras dedicada a la renta de recámaras o casas completas. Puedes rentar desde el sofá cama, pero lo ideal es empezar con espacios que te hagan sentir cómodo y respeten tu privacidad.
   NOTA: Si eres una mujer que vive sola y buscas mayor seguridad, hay plataformas y sitios de internet que hospedan exclusivamente a mujeres o chicas que viajan solas. El concepto es anfitrionas y huéspedes mujeres.

2. Define el número máximo de personas que quieres que ocupen esa habitación. Casi siempre son 2, o el máximo por el alojamiento completo, para que conozcas los gastos que tendrás al rentar tu casa. Por lo general este tipo de hospedaje brinda a los huéspedes servicios básicos y algunos de cortesía, como champú, papel de baño, café, azúcar, agua embotellada o filtro, jabón, etcétera. Llena la tabla que se encuentra al final de los pasos para que lleves un control de tus ingresos y gastos, y conozcas tu ganancia real al final.
3. Establece el precio de tu habitación por noche. Para que te des una idea revisa el rango de precios en tu localidad dentro de la misma plataforma u otras, para que no sea "ni muy muy, ni tan tan", es decir, un precio competitivo (si no nadie va a rentar). No olvides que, en época vacacional, puentes o días feriados, los precios suelen incrementar. Aprovecha esas fechas para ganar un poco más por la renta de tu espacio. Considera que el precio que aparece en las páginas es neto, es decir, libre de impuestos y cargos por servicio de la página. Lee las políticas e información para que conozcas muy bien cuánto es lo que te van a descontar.
4. Regístrate en la página o plataforma y llena todos los datos que te piden. También lee las políticas de seguridad, protección de daños, reembolso, responsabilidad civil y compartida, coberturas y toda la información general que ofrecen. Debido a la pandemia las medidas de salud y limpieza son más estrictas para todos, tanto para huéspedes como para anfitriones.
5. Publica tu habitación. Describe todas las características de tu espacio, así como las atracciones y facilidades que encontrará el huésped a su alrededor: lugares de interés o turísticos, centro comercial, estaciones del metro, parques, etcétera.
6. Renta tu primer fin de semana. Sé amable y atento con tus huéspedes eso te ayudará a tener una mejor calificación en la página y rentar más rápido.

Comparte una foto de tu primer arrendamiento con el hashtag #RetosFinancieros para que nos presumas a todos cómo es posible generar ingresos con lo que uno ya tiene.

7. Si lograste rentar el espacio por 8 días, ¡es reto superado! Cuando recibas el primer depósito por la renta de tu habitación o espacio completo, destínalo a la meta que fijaste al inicio.

GASTO	MONTO	INGRESOS	MONTO
Despensa* (café, azúcar, sal, papel de baño, jabón...)		Noche 1	
Agua		Noche 2	
Luz		Noche 3	
Gas		Noche 4	
Ropa de cama		Noche 5	
Decoración		Noche 6	
Impuestos (ISR e IVA)		Noche 7	
Servicios administrativos		Noche 8	
Total		Total	

*En el caso de la despensa, se recomienda que lo único que debe ser nuevo en cada alojamiento es el rollo de papel de baño.

¡Mucho éxito en el reto! Si quieres el ebook de consejos para primerizos en rentas de corto plazo que preparamos con un experto en Airbnb, regístrate en www.pequenocerdocapitalista.com/agendaretos2023

15 LUNES

GASTOS
$ $ $

• ¡Llegó la quincena! ¿Y si usas una parte para enchular el espacio que vas a rentar?

---

16 MARTES

GASTOS
$ $ $

MAYO

GASTOS

 17 MIÉRCOLES

• Puedes rentar diferentes espacios si usas tu creatividad. Si tienes patio, para eventos; o el cajón de estacionamiento que no usas.

GASTOS

 18 JUEVES

19 VIERNES

GASTOS $ $ $

• ¿Quieres una forma gratis de ganar puntos con los huéspedes? Compárteles tus mejores tips de la zona o la ciudad.

---

20 SÁBADO

GASTOS $ $ $ M

---

21 DOMINGO

GASTOS $ $ $

• ¿Agenda apretada? ¿Mes pesado en la chamba? Si no puedes rentar 8 días de un mes, empieza con un fin de semana. El chiste es que te abras a nuevas formas de generar ingresos.

SEMANA 21

ENCUENTRA TU PRODUCTO IDEAL Y VENDE

Mucha gente ve imposible generar más ingresos porque no se le ocurre una idea de negocios, de producto o servicio, pero ¿si en lugar de gastar tu energía en crear algo desde cero la usas para encontrar algo qué vender que ya tengas o exista y aplicarte a conseguir clientes?

Por eso esta semana tendrás que encontrar y elegir ese producto o servicio que ya existe y al que le puedes sacar provecho para crecer.

Pero no se trata sólo de registrarte en una empresa de ventas cualquiera, sino encontrar algo que te apasione, pues las ventas son "transmisión de emoción de vendedor a comprador", según la definición favorita de Gerardo Rodríguez, creador del podcast ¡Cállate y vende! y autor de *Eres un cabrón de las ventas*.

Para seleccionar el producto que vas a vender por primera vez, Gerardo recomienda elegir algo que te guste tanto que hables de ello aunque no te paguen en reuniones, con tus amigos o hasta con gente del trabajo.

A una de las alumnas de Retos financieros, el curso de Pequeño Cerdo Capitalista, le encanta el té y había una marca que se vivía recomendando a sus amigas. Así se dio cuenta que era su producto ideal porque conocía su calidad, sus detalles y podía hacer sugerencias personalizadas.

¿Con qué producto te pasa algo similar? _____

Ahora que ya tienes el producto, responde las siguientes preguntas:
1. ¿Cuál es su aplicación? ¿Qué problemas o necesidades resuelve? ¿Qué dolor ataca o qué placer genera?
2. ¿Para qué nicho de mercado va? ¿Cuáles son los problemas, necesidades, características o contexto común de quienes lo consumen?
3. ¿Quiénes pueden ser tus primeros clientes?

4. ¿Qué necesitas para convertirte en vendedor/distribuidor?
5. ¿Cuáles serán tus gastos de operación?
6. ¿Cuánto será tu porcentaje de ganancia?
7. ¿Cuánto necesitas vender al mes para tener ganancias que sumen a tu presupuesto?
8. ¿Qué herramientas puedes usar para vender? (WhatsApp, contenido o publicidad en redes sociales, tu propio sitio web asociado con la marca, listas de correos, reuniones, etcétera)

Para Gerardo Rodríguez hay ciertos "pilares de conocimiento" que van a determinar tu éxito vendiendo este producto: el conocimiento que tengas sobre el producto a nivel experto —entendiendo por esto que sepas un poco más que tus clientes—, sobre la industria y sus tendencias, sobre competidores con productos similares, que satisfacen más o menos las mismas necesidades y sobre el proceso de ventas.

Si quieres saber más sobre esta última parte, regístrate en www.pequenocerdocapitalista.com/agendaretos2023 para recibir el audio que Gerardo Rodríguez creó sobre los pilares de conocimiento de los vendedores.

No olvides contarnos en redes sociales qué venderás y cómo te está ayudando a incrementar tus ingresos con el hashtag #RetosFinancieros.

MAYO

GASTOS

22 LUNES

• ¿Te da miedo invertirle y que no lo coloques? ¡Prueba haciendo una preventa!

GASTOS

23 MARTES

• Si eliges algo que verdaderamente te apasione, podrás venderlo con mayor facilidad y el proceso te gustará.

24 MIÉRCOLES

GASTOS $ $ $

M

- Mantén un presupuesto de inversión para publicidad en redes sociales.

25 JUEVES

GASTOS $ $ $

MAYO

GASTOS

26 VIERNES

• Cobrar es parte de vender. Hazlo de forma amable, pero persistente y que no te dé pena.

GASTOS

27 SÁBADO

• Hay dos tipos de clientes que debes buscar para escalar tus ingresos: los que te recomiendan y los que repiten.

GASTOS

28 DOMINGO

SEMANA 22

ATRÉVETE A AUMENTAR TUS PRECIOS

Un error de muchos emprendedores es que quieren vender barato para atraer más clientes. Esto no siempre es una sabia decisión, porque tus ganancias serán menores, por ende lo que puedes reinvertir en tu negocio y obtener también.

Yo siempre les pregunto a mis alumnos qué prefieren: ser valiosos o baratos; ¡ouch!

Si te diste cuenta de que es hora de subir tus precios, pero hiperventilas del pánico y no te animas, el ejercicio de esta semana llegó justo a tiempo porque vas a romper el miedo y a cobrar lo que de verdad vale eso que ofreces, así que prepárate para subir tus precios.

¡Ojo! No se trata de subirlos nada más porque sí, sino que cobres lo justo por la calidad que aportas, y lo que vale tu tiempo y esfuerzo.

Responde:
- ¿Cuál es mi precio actual? _____
- ¿Cuánto cobran otras marcas más caras por la misma calidad? _____
- ¿Qué hace a mi producto diferente y qué resuelve mejor para mi cliente? _____
- Si siento que lo de arriba no aplica, ¿cómo puedo mejorar mi producto? _____
- ¿Estoy cobrando lo suficiente para cubrir gastos y tener ganancias? _____
- ¿Cuánto voy a cobrar ahora? _____

La idea es que tu producto tenga ese valor agregado que haga que las personas escojan lo que tú vendes sobre tu competencia, no por el precio sino por la calidad. Y, además, que obtengas una ganancia justa, que no cubra únicamente tu sueldo, que debería de ser parte del precio, sino una verdadera utilidad por cada venta.

Bárbara de La Rosa, especialista en inteligencia emocional para emprendedoras, aconseja ciertas ideas importantes que debes tener presente en el proceso:

- Siempre debes de cumplir con tu promesa de valor, eso que hace que tu oferta valga lo que pides.
- No todos tus clientes actuales seguirán comprándote y eso está bien. Llegará otro tipo de clientes.
- Los buenos clientes no son los que te compran y ya, sino los que te pagan lo que vale tu trabajo.
- Al subir tus precios no te estás aprovechando de nadie, estás valorando tu trabajo.

Cuéntanos cómo te va y qué respuesta has tenido a este ejercicio usando el hashtag #RetosFinancieros en redes sociales.

29 LUNES

GASTOS $ $ $

• ¿Quieres asegurar la calidad de tu producto o servicio? ¡Pon el proceso por escrito!

30 MARTES

GASTOS $ $ $

• Dentro de tus costos, incluye tu sueldo.

MAYO

GASTOS
$ $ $

31 **MIÉRCOLES**

• ¡Quincena! No olvides aplicar el "quítamelo que me lo gasto".

GASTOS
$ $ $

1 **JUEVES**

• Aumentar tus utilidades depende de tener un precio adecuado y controlar tus costos.

JUNIO

Asciende: avanza en tu carrera, negocia y líbrate del burnout

DOMINGO	LUNES	MARTES	MIÉRCOLES	JUEVES	VIERNES	SÁBADO
				1	2	3
4	5	6	7	8	9	10
11	12	13	14	15	16	17
18	19	20	21	22	23	24
25	26	27	28	29	30	

RECORDATORIOINKS

PRESUPUESTO DEL MES

INGRESOS	MONTO

AHORRO	MONTO

GASTOS FIJOS	MONTO

GASTOS VARIABLES	MONTO
TOTAL	

2 VIERNES

GASTOS $ $ $

• ¿Cómo vas con el reto renta un cuarto 8 días? ¿Ya tuviste a tus primeros huéspedes? ¡Cuéntame usando el hashtag #RetosFinancieros!

---

3 SÁBADO

GASTOS $ $ $

---

4 DOMINGO

GASTOS $ $ $

• Pregúntate de nuevo: ¿Quieres ser valioso o barato?

SEMANA 23

¿BURNOUT? 11 ACCIONES PARA COMBATIRLO

¿Sientes que el trabajo no termina y ni cuando estás de vacaciones pausas porque hay un pendiente que no puede esperar? ¿Has experimentado estrés y agotamiento laboral crónico? ¿El exceso de trabajo ha minado tu motivación y tu salud? De acuerdo con la OMS, el burnout o mejor conocido como "estoy tronadísimo o quemadísimo por el trabajo" es una de las grandes enfermedades laborales en la actualidad.

Pensamos —los jefes o Recursos humanos piensa— que tenemos que estar todo el tiempo trabajando para ser productivos y que el descanso es una pérdida de tiempo, pero de acuerdo con Alex Pang, el autor de *Rest* y *Shorter*, los estudios han demostrado que el descanso alimenta la productividad y evitarlo nos puede llevar a rendir menos y acabar con el síndrome del quemado.

Como esto no es solamente de "respira hondo y aguanta", tu tarea de esta semana es proponer en tu trabajo algunos lineamientos y técnicas para reducir el estrés y el agotamiento físico, mental o emocional que te está generando la chamba, pero que también ayuden a mejorar el enfoque y la productividad, para que haya menor resistencia a implementarlos.

Checa estas acciones, compártelas con tus compañeros para que puedan tener más peso al proponerlas y busquen que se adopte al menos una cada semana:

1. Solicitar las tareas y objetivos de cada área. Esto les ayudará a que cada uno conozca sus deberes, evitará la duplicidad de trabajo, que algunos realicen la chamba de otros y puedan medir más claramente los resultados. Lo anterior permitirá eficientar la operación de la empresa.

2. Proponer el uso de herramientas de comunicación exclusivas del trabajo y para el trabajo, como el email y Slack para comunicarse con los equipos y algún software como Google Drive, Meet, One Drive, etcétera.

    Al evitar el uso de WhatsApp, Telegram o cualquier servicio de mensajería que uses para tu vida personal, será menos probable que en las empresas se mantenga el contacto fuera del horario laboral.
3. Acordar con todas las áreas que la resolución de pendientes será dentro del horario laboral. Si algo excepcional "urge" —no se vale que sea "de vez en diario"—, definan la hora en la que se llamarán para resolver el pendiente.
4. Combatir la "juntitis" definiendo horarios y reduciendo la duración de las reuniones. De acuerdo con algunos estudios, se recomienda evitar juntas en las horas más productivas del día (las primeras 3 o 4 horas de la mañana). Asimismo, no pueden durar más de 40 minutos y es súper importante llegar con una minuta o agenda de trabajo previo, para que nadie pierda el tiempo.
5. Comprometerse a reducir las distracciones. Si pasan muchas horas en la oficina, pero también en redes sociales o haciendo cosas personales en el horario laboral está en chino salir a tiempo. Buscar que enfocarse sea una forma de trabajo da mayores herramientas para negociar con los horarios.
6. Proponer 1 o 2 días de home office a la semana. Muchas personas se tienen que desplazar por largas horas para llegar a la oficina y eso siempre genera un estrés adicional.
7. Introducir una semana laboral de 4 días o jornadas laborales de 6 o 7 horas, ¿quéééé? Sí, así como lo lees. Hay estudios que demuestran que las jornadas laborales cortas suben la productividad de la empresa. Es seguro que al principio sea difícil adoptarlo o que tus

jefes piensen que estás loco, pero reducir el horario laboral, aunado a prácticas de productividad, permite combatir el agotamiento laboral. Busca el libro *Shorter* de Alex Pang para más referencias.

A nivel personal también puedes hacer algunos cambios para reducir tu estrés:

1. Prioriza tus actividades, realiza las más difíciles o que requieren mayor reto cognitivo al inicio del día y deja las otras para el resto del día.
2. Evita traer la oficina en el bolsillo y con esto me refiero al correo sincronizado a tu teléfono personal, archivos, documentos, etcétera.
3. Toma un tiempo libre al día para recargar pilas. De acuerdo con estudios se recomienda tomar unos minutos cada 2 horas para levantarse del escritorio, hacer unos ejercicios o meditar.
4. Aprende a decir "no" o pedir plazos más adecuados. Es común que los empleados sientan que no pueden negarse a una tarea o actividad adicional a la sobrecarga de trabajo o que los distrae de sus actividades prioritarias por miedo a perder el empleo, pero aprender a decir "no" te permitirá mantenerte enfocado y productivo en tus tareas diarias. Cuando lo hagas explica cuáles son las prioridades de tu área o cuáles son los tiempos que toma lo que te solicitan.

Sé que son muchos cambios, pero una vez que propongas una primera acción, con el propósito de reducir el agotamiento laboral, verás que es más fácil de lo que imaginas, ya que no sólo será un beneficio para ti sino para toda la compañía y los que ahí laboran, pues se incrementará la productividad, el balance de vida y la satisfacción por el trabajo realizado.

5 LUNES

GASTOS

- Los países con mayor productividad de la OCDE son también los que tienen jornadas laborales más cortas (Spoiler: México está justo al revés).

6 MARTES

GASTOS

- El estrés crónico no es normal y puede derivar en ansiedad y depresión... que a la larga pueden afectar tu carrera, explican las expertas en salud mental para empresas de Siki Estar bien.

JUNIO

GASTOS

 MIÉRCOLES

• Hay tareas que se pueden automatizar. ¡Apóyate de la tecnología para eficientar tu área!

GASTOS

 JUEVES

• ¿Siempre trabajas más de 8 horas diarias? ¡Aguas!, es probable que algo esté mal. Trabajar más tiempo ya no es sinónimo de productividad.

9 VIERNES

GASTOS $ $ $

- ¿Te agotaste mentalmente? ¡Muévete, haz ejercicio, pasea, baila! El cansancio mental se puede reducir con actividades físicas de acuerdo con Alex Pang.

10 SÁBADO

GASTOS $ $ $

- ¡Descansa! Es importantísimo para mejorar tu productividad cuando regreses a trabajar.

11 DOMINGO

GASTOS $ $ $

- ¿Sabes en qué se pierde muchísimo tiempo? En compartir archivos. Un sistema ordenado en Google Drive, Dropbox o herramientas de tu empresa puede hacer toda la diferencia.

SEMANA 24

¿CÓMO NEGOCIAR CON TU JEFE?

Saber que tú y tu trabajo valen oro muchas veces es insuficiente a la hora de pedir un aumento de sueldo, un ascenso o negociar cualquier aspecto que necesites en el trabajo. De acuerdo con Mori Taheripour, experta en negociación, lograr un cambio a tu favor no sólo radica en lo que vales, sino en la habilidad que tengas al momento de negociar.

Esta semana te prepararás para dar ese paso y pedirle a tu jefe lo que sea más urgente para mejorar tus condiciones de trabajo y balance de vida: aumento de sueldo, ascenso, cambio de posición, flexibilidad laboral (días u horas de trabajo en la oficina), distribución de la carga de trabajo, contratación de personal, etcétera. ¿Y cómo te vas a preparar? Sigue estos 5 pasos:

Paso 1. Escribe tus logros laborales: comienza con los proyectos que superaron la expectativa: ya sea en tiempo, costo o éxito; continúa con los que agregaron valor a la empresa: por ejemplo, nuevos clientes o cuentas; finaliza con los proyectos adicionales que asumiste.

Paso 2. Investiga: busca información de lo que vas a negociar, por ejemplo, si es un aumento, revisa que sea en las fechas que por lo general se hace e investiga el sueldo de tu posición en el mercado; si es un ascenso, que la vacante esté disponible o se pueda abrir; si necesitas contratar personal, que haya presupuesto.

Paso 3. Elabora un guion: anota lo que vas a decir al inicio, los puntos que vas a plantear y argumentar en el desarrollo y cómo vas a concluir. Considera las preguntas que te puede hacer tu jefe y cómo las vas a contestar. Practica frente al espejo o con algún familiar.

Paso 4. Solicita una reunión: pide a tu jefe una junta presencial o en línea, con anticipación mínima de una semana.

Paso 5. Comunica tus puntos óptimamente: conversa con amabilidad y tranquilidad. De acuerdo con tu guion, plantea la razón y continúa con tus argumentos. Una vez que termines deja hablar a tu jefe.

Haz un borrador con los primeros 3 pasos:

¿Te dijeron que no? ¡No te desanimes! Recibir un "no" es el principio de una conversación y no el fin, de acuerdo con Mori Taheripour.

Haz preguntas de por qué no, para averiguar cómo podrías llegar a un "sí" o qué opciones te ofrece para mejorar; por ejemplo, si en ese momento no se dio el aumento salarial, no limites la negociación al dinero y busca flexibilidad laboral o vuelve a negociar en un lapso de 6 meses.

Ahora que tienes las bases sobre cómo negociar "eso" que necesitas para estar mejor en tu trabajo, manos a la obra y toca la puerta de la oficina de tu jefe. Compártenos en las redes de Pequeño Cerdo Capitalista qué respuesta obtuviste y tus mejores tips de negociación usando el hashtag #RetosFinancieros

JUNIO

GASTOS

12 LUNES

• No esperes a que tu jefe te lea la mente. Quizás ni siquiera sabe que te sientes infravalorado o necesitas flexibilidad.

GASTOS

13 MARTES

• ¿Tu labor genera ahorros o aumenta los ingresos de la empresa? ¡Mídelo y úsalo a tu favor!

14 MIÉRCOLES

GASTOS

- Escribe tu súper habilidad de negociador: comunicación, claridad, dicción, argumentación, etcétera: _____

15 JUEVES

GASTOS

- Reconocer que la empresa atraviesa por tiempos difíciles, está bien, pero no quites el dedo del renglón y vuelve a negociar en algunos meses.

JUNIO

GASTOS

 VIERNES

• ¿Llevas años en la misma empresa? Investiga el salario de tu posición en otras, quizás le falte actualizarse.

GASTOS

 SÁBADO

• Si recibes un "no" rotundo busca nuevos horizontes laborales, otra empresa valorará tu trabajo.

GASTOS

 DOMINGO

• Le tenemos mucho miedo al "no" o a incomodar, pero ¿qué tal si preguntar te lleva a un "sí"?

SEMANA 25

DESCUBRE Y ENCAMÍNATE HACIA EL TRABAJO DE TUS SUEÑOS

¿En alguna entrevista de trabajo te han hecho la típica pregunta de "cómo te ves en 5 años"? ¿Y alguna vez te has puesto a reflexionar para responderla en serio? ¿Sabes cuál sería el trabajo de tus sueños en 5 años? Eso es importantísimo para avanzar en tu carrera, tu pasión por lo que haces y tus ingresos porque ¿si no sabes cuál es cómo lo vas a encontrar?

Ya sea que trabajes de forma independiente o seas empleado, el ejercicio de esta semana es que definas cuál es el trabajo de tus sueños y que identifiques acciones significativas que te puedan ayudar a construirlo.

Quizás ni siquiera exista aún y con este ejercicio encuentres tu propio nicho; a mí me pasó con Pequeño Cerdo Capitalista cuando la educación financiera aún era poco difundida.

Sigue los pasos. Antes de responder, tómate unos minutos para pensar en dónde te encuentras y qué quieres lograr en tu vida profesional.

Paso 1. Escribe las actividades y áreas profesionales que te apasionan, por ejemplo "soy bueno en...", "tengo facilidad para..." o "destaco haciendo...". Es ultra importante tu honestidad y autoconocimiento.

Paso 2. Define las características del trabajo de tus sueños. Reflexiona sobre tus metas laborales y qué quieres en tu vida. Algunas sugerencias para definirlo pueden ser:
- Contribución: qué te gustaría aportar al mundo con tu trabajo, cómo ayudarías o harías mejor la vida de otras personas.
- Tipo de actividades e industria: ¿Qué te gustaría estar haciendo? ¿Cómo se vería tu día laboral? ¿Sería en el mismo sector o industria que estás hoy o en otra? ¿Sobre qué te

gustaría estar aprendiendo constantemente? ¿Qué responsabilidades puedes asumir? ¿Hay algún puesto en concreto que tengas en mente?
- Ubicación y esquema: ¿En tu ciudad o país? ¿En otro lugar? ¿De forma presencial, home office o mixto? ¿Te interesa la flexibilidad de horarios?
- Ingreso mensual: salario mensual real que quieres percibir. Recuerda que todos quisiéramos ganar más, pero comienza con una meta real.
- Con quién: ¿Qué tipo de colegas, colaboradores o equipo te gustaría tener? ¿Quieres hacerlo en solitario o con otros? ¿Te gustaría tener gente a cargo?
- Tipo de empresa o clientes: ¿Has soñado con trabajar en algún lugar en particular o con un cierto tipo de personas?

Paso 3. Anota los aspectos que son una piedrita en tu camino para alcanzar el trabajo de tus sueños, por ejemplo, falta de capacitación, contactos, procrastinación, miedo, etcétera. No deben estar relacionados con factores externos: tu jefe, tus compañeros, la economía mundial, sino con las acciones que debes cambiar o mejorar para lograr el trabajo ideal.

Evalúa tus respuestas y ponte en acción. Responde:
- ¿Dónde te ves laboralmente en 5 años? _____

- ¿Qué necesitas para hacerlo? _____

- ¿Qué acciones vas a llevar a cabo para lograr lo anterior y en cuánto tiempo? _____

Toma las riendas de tu vida profesional y cuéntanos en redes sociales cuál es el trabajo de tus sueños con el hashtag #RetosFinancieros.

19 LUNES

GASTOS $ $ $

- Si no tienes muy claro qué quieres hacer, ¡empieza por probar o aprender de lo que te dé curiosidad!

20 MARTES

GASTOS $ $ $

- Se vale cambiar de campo ¡y hasta de carrera!

JUNIO

GASTOS

 21 MIÉRCOLES

• ¡Actualízate! Estudia y toma ese curso, idioma o taller que te acerque al trabajo de tus sueños.

GASTOS

 22 JUEVES

• Estar en el trabajo equivocado puede estar limitando tus ingresos.

23 VIERNES

GASTOS

- Empezar un "fondo de libertad" para buscar el trabajo que quieres puede ser una gran razón para ahorrar y salir de deudas.

---

24 SÁBADO

GASTOS

J

- Puede que el trabajo o puesto de tus sueños aún no exista, pero puedes proponerlo o crearlo.

---

25 DOMINGO

GASTOS

- Busca en LinkedIn o Glassdoor vacantes en función del trabajo de tus sueños.

SEMANA 26

¿CÓMO VAS EN ESTE SEGUNDO TRIMESTRE?

¡Uff, qué rápido! Ya estamos a la mitad del año ¿Arreglaste 50% de tu relajito financiero? ¿Llevas al menos la mitad de ahorro para tus metas? ¿Has avanzado en blindarte y enfocarte en encontrar más oportunidades para hacer tus finanzas todo terreno? Llegó la hora de ver cómo vas y detectar los ajustes que te conviene hacer para tener un muy próspero 2023.

Llena la chula tablita de evaluación y compara tus resultados con los del trimestre pasado.

Si te funciona más tenerla en digital puedes recibirla en tu correo registrándote en www.pequenocerdocapitalista.com/agendaretos2023 y si hay otras cosas que quieras medir, también se vale hacer tu propia versión.

EVALUACIÓN TRIMESTRAL

Trimestre:	Fecha:
MIS INGRESOS MENSUALES:	
MIS GASTOS MENSUALES:	
Porcentaje de mis ingresos que ahorro al mes (promedio de los 3 meses): %	
MONTO TOTAL DE MIS AHORROS:	
Porcentaje de mis ingresos que acaparan mis deudas (mensualidades y al menos el doble del pago mínimo de las tarjetas, si no eres totalero): %	
MONTO TOTAL DE MIS DEUDAS	
Porcentaje de mis deudas totales que he pagado: %	

AVANCE DE MIS METAS*	
Meta 1	%
Meta 2	%
Meta 3	%
¿Qué porcentaje de tu fondo de emergencias has juntado? Recuerda que la meta es tener al menos 3 meses de gastos, aunque lo reúnas en varios años.	
Ingresos extra obtenidos en el periodo.	
Rendimiento de mis inversiones en el periodo.	
¿Ya contrataste los seguros que necesitas? ¿Cuál te falta?	
¿Iniciaste algún #RetOINK2023? ¿Cómo vas?	
¿Qué hice bien con mis finanzas?	
¿Qué me comprometo a mejorar en el próximo trimestre?*	

*Pídele a alguien de confianza que lo lea y firme como testigo. Comparte esa casilla en las redes de Pequeño Cerdo Capitalista con los hashtags #CompromisOINK y #RetosFinancieros.

JUNIO

GASTOS

26   **LUNES**

• ¿Estos días de plano estás arañando los últimos centavos de tu cuenta? Cuando te paguen, ¡mídete! Para que no sufras el próximo mes.

GASTOS

27   **MARTES**

• Anota los "olvidos que cuestan" (pago de tarjetas, trámites, de servicios). Los intereses, recargos y multas le roban a tu ahorro.

28 MIÉRCOLES

GASTOS $ $ $

• ¿Mitad del año y andas dejando tus metas a medias? Retómalas y aplícate con nuestros cursos. Entra a www.pequenocerdocapitalista.com/cursos.

29 JUEVES

GASTOS $ $ $

• Que no te explote el próximo trimestre el relajito financiero que puedes evitar hoy.

JUNIO

 GASTOS

 30 VIERNES

- Peligrosa combinación: viernes y de quincena. Cuidado con el "¡Yo invito!".

 GASTOS

 1 SÁBADO

 GASTOS

 2 DOMINGO

- Dividir tus metas en objetivos más pequeños y darte algún premiOINK, ayuda a mantener la motivación.

JULIO

Expande: finanzas para emprendedores y técnicas para crecer tu negocio

DOMINGO	LUNES	MARTES	MIÉRCOLES	JUEVES	VIERNES	SÁBADO
						1
2	3	4	5	6	7	8
9	10	11	12	13	14	15
16	17	18	19	20	21	22
23	24	25	26	27	28	29
30	31					

RECORDATORIOINKS

PRESUPUESTO DEL MES

INGRESOS	MONTO

AHORRO	MONTO

GASTOS FIJOS	MONTO

GASTOS VARIABLES	MONTO
TOTAL	

SEMANA 27

PRESUPUESTO PARA INGRESOS VARIABLES

¿Conque crees que como tus ingresos son variables no puedes hacer un presupuesto? ¡No tan rápido! En realidad, con más razón deberías tener un buen manejo de tus finanzas para no estar en la semibancarrota perpetua.

Para que a ti no te pase, esta semana vas a aprender a hacer un presupuesto por flujos, que tiene el gran beneficio de ayudarte a entender mejor la estacionalidad de tus ingresos.

Este esquema es muy útil para quienes tienen negocios o ingresos variables por su tipo de actividad (ventas por comisión, quienes viven de turismo, etcétera).

Lo ideal es que no mezcles tus finanzas con las del negocio, así que valdría la pena que te asignes un sueldo y ése lo manejes en un presupuesto aparte.

Cuando haces un presupuesto por flujos básicamente usas 2 columnas:

- La de ingresos, que es donde va todo el dinero que **entra** a la empresa. Pueden ser ventas, tus ahorros, un crédito que pediste en el banco, el capital de los socios, etcétera.
- La de gastos, donde registras todo el dinero que **sale** de la empresa.

Y la diferencia con un presupuesto normal es que el resultado que te dé lo llevas al siguiente mes. Checa este ejemplo:

Una persona inicia un negocio en enero con sus ahorros (5 000 pesos capital propio) y un crédito (30 000 pesos) y ese primer mes sus gastos son de 20 000 pesos. Fíjate en la tabla cómo se asignó un sueldo para operar, en lugar de estarle sacando a la empresa conforme lo necesita.

Restando los ingresos iniciales a sus gastos le quedan 15 000 pesos para arrancar operaciones el siguiente mes.

En febrero sus ventas son de 19 000 pesos (va empezando) y sus gastos suben a 23 070 pesos porque empieza a pagar el crédito e impuestos (los números son sólo ejemplos), pero afortunadamente, como todavía tenía dinero del mes anterior, no queda en números rojos (15 000 + 19 000 − 23 070 = 10 930 pesos).

En marzo entre ventas y proyecto extras consigue ingresos por 27 000 pesos y sus gastos son de 27 310 pesos porque requiere más materiales y contrata un servicio de asistente virtual por algunas horas. Considerando los 10 930 pesos del mes anterior + 27 000 de ingresos − 27 310 de gastos todavía tiene 10 620 pesos para iniciar operaciones el siguiente mes.

ENERO

INGRESOS	MONTO	GASTOS	MONTO
CAPITAL PROPIO	5000	MI SUELDO	10000
CRÉDITO	30000	RENTA	5000
		MATERIALES	2000
		TRANSPORTE	3000
		IMPUESTOS	0
INGRESOS TOTALES	35000	GASTOS TOTALES	20000

FLUJO DEL MES 1 (INGRESOS TOTALES − GASTOS TOTALES) = 15000

FEBRERO

INGRESOS	MONTO	GASTOS	MONTO
VENTAS	19000	MI SUELDO	10000
		RENTA	5000
		MATERIALES	2500
		TRANSPORTE	3000
		PAGO MENSUAL DEL CRÉDITO	2000
		IMPUESTOS	570
INGRESOS TOTALES	19000	GASTOS TOTALES	23070

FLUJO DEL MES (RESULTADO DEL MES ANTERIOR + INGRESOS TOTALES − GASTOS TOTALES) = 10930

MARZO

INGRESOS	MONTO	GASTOS	MONTO
VENTAS	24000	MI SUELDO	10000
PROYECTO EXTRA	3000	RENTA	5000
		MATERIALES	3500
		TRANSPORTE	3000
		PAGO MENSUAL DEL CRÉDITO	2000
		ASISTENTE VIRTUAL	3000
		IMPUESTOS	810
INGRESOS TOTALES	27000	GASTOS TOTALES	27310

FLUJO DEL MES (RESULTADO DEL MES ANTERIOR + INGRESOS TOTALES − GASTOS TOTALES) = 10620

Creo que con estos meses de ejemplo ya entendiste cómo funciona, ahora es tu turno:

1. Ve a la parte final de la agenda a las hojas de presupuesto por flujos.
2. Empieza a hacer tu presupuesto del año, con los ingresos y gastos que tengas estimados.
3. Detecta cuáles son tus meses de "vacas flacas" o en los que podrías caer en números rojos y haz reservas o considera qué vas a necesitar meterle a tu negocio para seguir operando.
4. Mes a mes ve actualizando con la información real.

Si te fijaste en el ejemplo, en los negocios el dinero se reinvierte y pasa de un mes a otro. Si saqueas tu negocio o teniendo ingresos variables te gastas todo, ¿cómo vas a sobrevivir si se caen las ventas? Este tipo de esquemas te ayuda a verlo más claramente, ¡aplícate!

Si quieres hacer este ejercicio en la versión digital regístrate en www.pequenocerdocapitalista.com/agendaretos2023 para recibir el formato con el resto de los recursos electrónicos en tu mail.

JULIO

GASTOS

3 LUNES

• Haz el presupuesto por flujos para varios meses y detectarás en cuáles ganas más, así podrás reservar para los de "vacas flacas".

GASTOS

4 MARTES

• Día de la Independencia (Estados Unidos).

5 MIÉRCOLES

GASTOS $ $ $

• ¿Ni idea de cómo entran y salen tus ingresos? Checa estados de cuenta de años anteriores o tus declaraciones de impuestos.

---

6 JUEVES

GASTOS $ $ $

• Tu presupuesto no se llena por arte de magia, empieza por anotar los gastos fijos para tu negocio o actividad.

JULIO

GASTOS

 VIERNES

GASTOS

 SÁBADO

• ¿Cómo se colaron los boletos de cine en los gastos de la empresa? Si no separas, nunca tendrás cuentas claras.

GASTOS

 DOMINGO

SEMANA 28
RETO 4
LIMPIA DE CLIENTES

¿Tienes clientes que adoras, pero otros que de plano son un tormento? ¿Cuántos dirías que son buenos y por qué? ¿A cuántos necesitas darle las gracias?

Porque tener buenos clientes y buenos proyectos no debe ser una misión imposible, esta semana conocerás las características de los mejores, para que aceptes el reto de hacer una limpia de clientes en máximo 2 meses, despidiendo a uno malo y añadiendo al menos otro bueno, que sean más rentables en dinero, tiempo, experiencia y crecimiento profesional.

Muchas veces nos da miedo perder clientes —aunque sean de terror— o decirles que ya no les prestaremos nuestros servicios, porque creemos que afectarán nuestros ingresos, pero no vemos que a veces limitan nuestro crecimiento porque no pagan acorde al valor de lo que reciben, todo el tiempo están pidiendo cambios o son problemáticos.

La realidad es que si nos enfocáramos en traer más de los mejores muy probablemente aumentarían nuestros ingresos y hasta satisfacción. Ése es el objetivo de este reto.

¿Estás listo?

Paso 1. Evalúa a cada uno de tus clientes, colocando una palomita en la característica que cumpla.

- [ ] Sabe lo que quiere y expresa claramente las características y requerimientos del trabajo.
- [ ] Entiende el costo porque valora la calidad, no te regatea en cada cotización.
- [ ] Ofrece trabajo continuo: ya sea con una iguala, proyectos de largo plazo o encargos constantes.
- [ ] Paga puntualmente y de preferencia ofrece anticipos o paga en plazos muy cortos.
- [ ] Los proyectos o tipo de encargo que hace son rentables y fácilmente ejecutables para ti (ya tienen una metodología, los costos son bajos, etcétera.)
- [ ] Escucha propuestas, soluciones o alternativas para enriquecer o facilitar el proyecto.
- [ ] Establece fechas y respeta tanto los plazos de entregas, como tu tiempo y horario.
- [ ] Cuando hay cambios en el proyecto, los comunica oportunamente y acepta las consecuencias que tendrá en tiempo, esfuerzo, costos, etcétera.
- [ ] Se comunica de forma cordial y respetuosa, especialmente para dar retroalimentación sobre lo que se puede mejorar o cuando está insatisfecho con tu trabajo.
- [ ] ¡Hasta te cae bien y te gusta convivir con ese cliente!

Puedes obtener un formato electrónico para repetir el ejercicio con varios registrándote en pequenocerdocapitalista.com/agendaretos2023

Paso 2. Clasifica y toma acción con tus clientes. ¿Palomeaste sólo 3 o menos casillas? ¡Ése es un candidato a ser cliente despedido! ¿Obtuvo 6 o más? ¡Cliente a mantener y "clonar"!

Paso 3. Pide a tus clientes "clonables" que te den referencias con sus conocidos o analiza su perfil y recuerda cómo llegaron a ti para buscar a otros similares.

Paso 4. En cuanto encuentres a tu siguiente cliente bueno, consigue cobrar el primer encargo y ¡despide a tu peor cliente!

IMPORTANTE: hazlo con tacto y sin reclamos (si ya no van a trabajar juntos ¿de qué serviría?). Agradece el tiempo y la oportunidad brindada. Nunca sabes si podría llegar otro referido por él o afectarte con clientes buenos. Los negocios dan muchas vueltas.

Si logras completar estos pasos en un máximo de 2 meses, ¡es reto superado!

Puedes repetir el reto cuantas veces quieras hasta que tengas tu cartera de clientes ideales. Cuéntanos tus avances en redes sociales usando #RetosFinancieros.

JULIO

GASTOS

10 **LUNES**

• ¿Qué es lo que más necesita o el mayor dolor de cabeza de tu cliente en su negocio? Si se lo resuelves, tu valor aumentará y tendrás más con qué negociar.

GASTOS

 MARTES

• Tiempo, ingresos y costos son criterios básicos para evaluar un proyecto.

12 MIÉRCOLES

GASTOS $ $ $

- ¿Tus clientes conocen todos tus servicios y en especial los más premium o rentables? ¡Haz una cita o aprovecha alguna oportunidad para presentárselo!

---

13 JUEVES

GASTOS $ $ $ J

- ¿Tienes procesos o una metodología de trabajo? Contar con formatos o pasos, desde cotizaciones para el proyecto o cobranza te ahorran tiempo y dinero.

JULIO

GASTOS

 14 VIERNES

• Hoy es día de pago. Si tienes un negocio o eres independiente también debes organizar tu cobranza y ponerte un sueldo.

GASTOS

 15 SÁBADO

• A veces la cultura laboral de ciertos sectores los hace ¡insufribles! Si te pasa, prueba brindar tu producto o servicios en otro sector.

GASTOS

 16 DOMINGO

• Al depurar a tus clientes, quédate sólo con los que realmente te aporten algo, además de dinero.

SEMANA 29

¿YA TE DAS PRESTACIONES?

No cabe duda de que no hay peor explotación que la autoexplotación. Hay muchas personas que deciden trabajar como autónomos o emprender porque quieren ser su propio jefe, pero ¿qué pasa cuando las condiciones de trabajo que se dan son peores que las que tenían?

Es importante que construyas tus propias prestaciones, para que no seas como aquellos jefes para los que evitaste trabajar y no acabes tronando. Además, muchas son deducibles de impuestos.

¿Qué puedes hacer?

- **Salud:** las primas de seguros de gastos médicos mayores o los pagos al IMSS son deducibles de impuestos si te inscribes de forma voluntaria. Lo mismo los honorarios médicos y dentales, análisis, check-ups, nutriólogos, psicólogos, etcétera, así que nada de descuidarse.
- **Retiro:** ahorra por tu cuenta en una Afore o en un plan personal de retiro. Este ahorro puede ser deducible hasta ciertos límites cada año.
- **Aguinaldo:** si el aguinaldo para un asalariado en México es de 15 días de salario, como independiente puedes ahorrar 4.16% de tus ingresos desde enero y reunirías el equivalente a medio mes del promedio de tus ingresos. Si empiezas ahora y quieres llegar con el monto, puedes duplicar el porcentaje. Esa suma sería una alivianadota con los gastos de fin de año y dejarías de ver con envidia a tus amigos asalariados.
- **Vacaciones:** también podrías ir ahorrando cada mes para viajar y descansar, en lugar de conformarte con "Acapulco en la azotea" o viajar con base en el tarjetazo feroz, pero quizás acá el tema más importante es que te des el tiempo.

Aparta semanas fijas al año de vacaciones y avisa a tus clientes con muuucha anticipación que estarás fuera. La planeación es clave para que no tengas que llevar la computadora a todos lados o estés con el teléfono en juntas mientras los demás disfrutan del destino paradisiaco al que te fuiste.

- **Vivienda:** no sufras por el Infonavit. Si ahorras para un buen enganche (20-30% del valor de la propiedad), cuidas tu historial crediticio y cumples con los ingresos, puedes conseguir un crédito bancario en mejores condiciones. Y el bonus es que los intereses hipotecarios, por encima de la inflación que pagues, los puedes deducir en la declaración anual.

Tarea de la semana: escribe la lista de prestaciones que te quieres dar y toma acción para construirlas.

LISTA DE PRESTACIONES

17 LUNES

GASTOS
$ $ $

• ¿Te choca pagar impuestos? Aprende sobre las deducciones que te ayudan a reducirlos como las de retiro o gastos médicos mayores.

---

18 MARTES

GASTOS
$ $ $ J

JULIO

GASTOS

 19 MIÉRCOLES

• Si quieres darte tu propio aguinaldo en diciembre, empieza ahorrando 8.3% de tus ingresos desde este mes.

GASTOS

 20 JUEVES

• Día de la Independencia (Colombia).

21 VIERNES

GASTOS $ $ $

- En la página de Consar puedes ver qué Afore acepta trabajadores independientes. Si tuviste una en el pasado, también puedes usarla para tu retiro.

22 SÁBADO

GASTOS $ $ $

23 DOMINGO

GASTOS $ $ $

- Trata de agendar con meses de anticipación tus vacaciones para organizarte y ahorrar en los viajes.

SEMANA 30

¡NO LE HUYAS A LOS CRÉDITOS! APRENDE A USARLOS PARA CRECER TU NEGOCIO

Muchos pequeños negocios se quedan... pues pequeños, porque les huyen a los créditos como a la rabia, pero el crédito es una herramienta para crecer, te permite hacer más rentable la inversión que hagas en tu empresa con tus propios recursos y darle la vuelta más rápido al dinero, explica Víctor Calderón, fundador y CEO de ArCcanto, empresa de consultoría experta en finanzas corporativas y financiamiento no tradicional.

El objetivo de esta semana es que analices tus ideas sobre el crédito y si te serviría cambiar algunas para crecer tu negocio.

Checa si presentas algún síntoma de "alergia" a los créditos para tu negocio:

- [ ] Eres enemigo de las deudas porque conoces gente que ha quebrado y por eso no piensas pedir un crédito para tu negocio.
- [ ] Has dejado de atender a clientes que te hacen pedidos porque no tienes suficientes productos, maquinaria o insumos.
- [ ] Juras y perjuras que el crédito más barato SIEMPRE es el de los proveedores.
- [ ] Cuando necesitas crédito das tarjetazo con tu plástico personal y a veces ya no sabes qué pagaste.
- [ ] Cuando piensas en financiamiento sólo se te ocurren créditos bancarios personales.

Ahora lee estos puntos que pueden cambiar tu perspectiva. Elige al menos 2 y realiza la acción que te proponen antes de que acabe la semana:

- [ ] Si antes de contratar el crédito incluyes en tus costos la tasa de interés del periodo y sigues teniendo ganancias, no tienes por qué irte a la quiebra. Muchos de los problemas vienen de no hacer cuentas o pedir crédito cuando aún no tienes probado tu producto o servicio. ¡Haz cuentas!
- [ ] Las ventas que tú no haces se van con tu competencia y es dinero que estás perdiendo. Calcula la demanda adicional o cuánto te quedas corto, qué recursos necesitarías para cubrirla y cuánto más ganarías.
- [ ] Pregúntale al proveedor que te da crédito si tiene un descuento por pronto pago y compáralo con el costo del crédito. Por ejemplo: si te hace 10% de descuento y tú al mes (o el tiempo que necesitaras para vender el producto) pagas 1.5 o 2% de interés en un crédito revolvente, ¡te conviene más tomar el crédito y ahorrarte la diferencia!
- [ ] Separar tus finanzas personales de las de tu negocio es básico para tener cuentas claras y evitar relajitos que lleven a ambos a la quiebra. Si necesitas una tarjeta para el negocio pide una corporativa y no incluyas ahí gastos personales.
- [ ] Además de los créditos bancarios personales existen específicos para pymes, líneas de créditos revolventes, el factoraje (crédito sobre tus facturas o cuentas por cobrar), préstamos colectivos o crowdlending para empresas. Explora opciones y compara costos.

¡Haz las paces con el crédito y úsalo a tu favor para expandir tu negocio!

JULIO

GASTOS

 24 LUNES

• El historial crediticio de los socios cuenta para los créditos empresariales así que: ¡Puntuales con sus pagos!

GASTOS

 25 MARTES

• Puedes abrir una línea de crédito revolvente, usarla para algunos gastos y pagarla antes del periodo. La mantienes viva y no te cobran intereses.

26 MIÉRCOLES

GASTOS

- Para tener flujo positivo cobra rápido y paga lento, o sea obtén financiamiento.

---

27 JUEVES

GASTOS

- Tú no eres banco. Eso de andar financiando a tus clientes a muchos días o lo evitas o cárgales un costo extra.

JULIO

GASTOS

 VIERNES

- Día de la independencia (Perú).

GASTOS

 SÁBADO

GASTOS

 DOMINGO

- Se acaba la semana y casi el mes, ¿ya hiciste tu acción para cambiar tu perspectiva del crédito?

SEMANA 31

INSPÍRATE CON LOS EXPERTOS PARA CRECER TU NEGOCIO

¿Te imaginas que pudieras sentarte con empresarios exitosos a recibir consejos para aplicarlos en tu negocio? Aunque parece algo imposible, en realidad es bastante fácil de hacer y no necesitas pagar muchísimo dinero en consultorías, para eso están los libros.

Muchos de esos empresarios ya se dieron a la tarea de compartir sus experiencias y aprendizajes para que tú, como emprendedor, no cometas los mismos errores y tengas un camino menos complicado, aprendas técnicas y amplíes tus conocimientos. Sus historias no sólo te inspirarán, sino que te ayudarán a ser mejor en lo que haces.

Por eso, esta semana tienes que elegir un libro de negocios, leerlo y contestar algunas preguntas. Te dejamos recomendaciones de algunos libros que puedes leer, pero también puedes escoger otro que llame tu atención y creas que te puede ayudar.

1. *El mito del emprendedor* de Michael E. Gerber. Te ayudará de forma muy divertida a entender la diferencia entre ser bueno en tu trabajo operativo y crear un buen negocio.
2. *Liderazgo sin ego* de Bob Davids, Isaac Getz y Brian M. Carney. Los recursos humanos son la clave y el corazón de un negocio y manejar al talento puede ser menos complicado con la mentalidad y herramientas que ellos te comparten, en especial si entiendes la verdadera función de un líder. Hay buenos fragmentos sobre decisiones difíciles como cuando tienes que despedir a alguien.
3. *La ganancia es primero* de Mike Michalowicz. Si no eres experto en finanzas y administración, aquí encontrarás un gran método para organizar tus recursos y sacarle utilidades reales a tu negocio.
4. *El método Lean Startup* de Eric Ries. Antes de gastar en una producción que tal vez no tendrá las ventas que quieres, haz una prueba piloto y ajusta tu oferta. El libro te explica la metodología que usan muchas empresas de Silicon Valley.

5. *De cero a uno* de Peter Thiel. Inspirarse está bien, copiar no lleva a ningún lado y este libro te ayudará a entender y aprovechar la innovación de la mano de uno de los creadores de PayPal.

Una vez que hayas terminado el libro de negocios que elegiste, responde:

¿De qué trata el libro?	¿Qué aprendizajes me dejó?
¿Cómo los aplicaré a mi empresa?	¿Cuáles me gustaría compartir con mi equipo?

Recuerda que el conocimiento no es suficiente, debes de aplicarlo para que dé resultados, si no, es como si dejaras el libro a un lado de tu cama y esperaras a que su contenido saltara a tu cabeza mágicamente.

Compártenos en redes sociales qué libro escogiste y las respuestas del cuestionario con el hashtag #RetosFinancieros.

31 LUNES

GASTOS $ $ $

• No dejes que la emoción te gane, ve a revisar tu presupuesto antes de empezar a gastar.

---

1 MARTES

GASTOS $ $ $ J

• Los libros son los maestros más baratos y versátiles que puedes tener.

AGOSTO

Invierte: pon tu dinero a trabajar, diversifica y aumenta tus ganancias

DOMINGO	LUNES	MARTES	MIÉRCOLES	JUEVES	VIERNES	SÁBADO
		1	2	3	4	5
6	7	8	9	10	11	12
13	14	15	16	17	18	19
20	21	22	23	24	25	26
27	28	29	30	31		

RECORDATORIOINKS

PRESUPUESTO DEL MES

INGRESOS	MONTO

AHORRO	MONTO

GASTOS FIJOS	MONTO

GASTOS VARIABLES	MONTO
TOTAL	

AGOSTO

GASTOS

 MIÉRCOLES

• Aquí te dejamos las recomendaciones de libros de Pequeño Cerdo Capitalista en YouTube: https://bit.ly/3Lasu5u.

GASTOS

 JUEVES

4 VIERNES

GASTOS $ $ $

- La lectura también es un hábito que puedes empezar con 10 minutos al día.

---

5 SÁBADO

GASTOS $ $ $

- ¿No eres muy de sentarte a leer? ¡Prueba con audiolibros! Puedes oírlos en el tráfico, corriendo, paseando al perro...

---

6 DOMINGO

GASTOS $ $ $

- ¿Cómo vas con los retos del año? ¡Cuéntame en redes usando el hashtag #RetosFinancieros!

SEMANA 32

DEFINE TU PERFIL DE INVERSIONISTA

¿Por fin tienes ahorros para invertir y no sabes cómo? Para que no condenes tu dinero a dormir el sueño de los justos o a ver cómo en 2 segundos puede perder hasta 50% su valor, te propongo que primero conozcas cuál es tu perfil de inversión.

En Pequeño Cerdo Capitalista queremos que aprendas a invertir para que hagas crecer tu dinero y alcances tus metas, ¿y cómo lo vas a hacer? Debes saber que un perfil depende de varios básicos:

Meta y plazo
Te permitirá conocer cuánto tiempo dispones para lograrla y cuándo necesitarás el dinero.

➡

Edad
Entre más joven, mayores posibilidades de asumir riesgos, ya que si pierdes una parte de tu lana, tienes tiempo para recuperarla. Ojo, esto puede ser relativo.

➡

Experiencia y conocimientos
Entre más conocimiento tengas sobre las inversiones, mayores riesgos podrás asumir sin descalabrarte. Si es tu primera inversión, es mejor que vayas aprendiendo poco a poco.

➡

Tolerancia al riesgo
Esto es independiente de la edad y la experiencia. Responde honestamente qué harías si tu inversión pierde de 20% a 50% de su valor en un día.

¿Listo para conocer cuál es tu perfil, es decir, si prefieres tener tu dinero seguro, estás dispuesto a arriesgar, o eres demasiado tolerante y podrías aceptar una pérdida?

Paso 1. Escribe tu meta de inversión, es decir, para qué destinarás ese dinero (enganche de hipoteca, educación de tus hijos, retiro, etcétera): _____

_____

Paso 2. Anota tu edad: _____

Paso 3. Define el plazo de tu inversión, es decir, de acuerdo con la meta que escribiste, si lo quieres tener un año, 5 años o más:

_____

Paso 4. Selecciona con una palomita qué tanto quieres arriesgar:
- ☐ Quiero mantener mi capital estable.
- ☐ Quiero aumentar mi patrimonio a mediano plazo.
- ☐ Quiero que mi dinero crezca a largo plazo sin importar el riesgo.

Paso 5. Escribe si conoces poco, más o menos o mucho sobre inversiones. En caso de que sí, cuáles son o en cuáles has invertido:

_____

_____

Con base en tus respuestas, conoce tu perfil de inversionista:

Conservador
Prefieres rendimientos estables y a corto plazo. No te gusta el riesgo y te aterra la idea de perder tu dinero. Puedes empezar por inversiones como depósitos a plazos y los Cetes.

➡

Moderado
Eres tolerante a los riesgos pequeños y prefieres una parte de tus inversiones a corto plazo (perfil conservador) y la otra parte a mediano plazo. Entre las opciones para invertir a mediano plazo están bienes raíces, fondos de deuda y renta variable, EFT y metales.

➡

Arriesgado
A ti lo que te gusta es el riesgo ya que prefieres altos rendimientos, aunque puedas perder algo a corto plazo, pero sabes que en el futuro te recuperarás. Tu portafolio puede incluir las del perfil moderado, pero más cargadito a fondos de renta variable (acciones), y también opciones de fintech como criptos y crowdfunding.

Comienza a invertir esa lana, pero ¡ya! Te recomiendo que selecciones 2 opciones y te acerques a una institución financiera para que te haga un perfil más detallado. No olvides que tu perfil puede modificarse con el paso del tiempo.

AGOSTO

GASTOS

 LUNES

• No pongas todos tus ahorros en una misma inversión, diversifica tu dinero porque nada gana por siempre.

GASTOS

 MARTES

• Nunca es tarde para aprender a invertir. Si es tu primera vez, empieza por algo de corto plazo y bajo riesgo.

9 MIÉRCOLES

GASTOS $ $ $

- Si decides invertir en criptomonedas, empieza con las más básicas o conocidas (p. ej: Bitcoin o Ethereum) y con un porcentaje pequeño de tus ahorros.

---

10 JUEVES

GASTOS $ $ $

- Ya se cumple un mes del reto limpia de clientes: ¿Ya detectaste a los "despedibles" y a los "clonables"?

AGOSTO

GASTOS
$ $ $

11 **VIERNES**

• ¿Las pérdidas a corto plazo son lo más terrible del mundo? Más aún cuando tienes un perfil conservador; depende, si tienes un perfil moderado, o bien, pueden ser oportunidades de compra cuando tienes un perfil agresivo.

GASTOS
$ $ $

12 **SÁBADO**

GASTOS
$ $ $

13 **DOMINGO**

• ¿Quieres invertir a largo plazo? Considera los fondos o ETF que invierten en acciones.

SEMANA 33

6 ERRORES QUE TE IMPIDEN SER UN GRAN INVERSIONISTA

Cualquier tema desconocido suele causar miedo y cuando se le agrega el ingrediente del dinero, como las inversiones, puede ser aún más terrorífico. En particular si sólo conoces tragedias de tu tío que invirtió en un negocio o fondo que le contó un amigo y perdió todos sus ahorros.

Para que no te pase eso, el mejor remedio es el conocimiento, pues te ayudará a identificar lo que no se debe hacer, a romper con esas limitaciones y a reducir los errores. Después de todo, debes recordar que el ahorro tiene un límite pues tienes que vivir de algo y que, la mejor forma de combatir la inflación y hacer que tu dinero crezca es con las inversiones.

El ejercicio de esta semana será entender los 6 errores básicos de las inversiones, ver con cuál te identificas y hacer una cosa para superarlo. Llena esta tabla con tu análisis personal:

6 ERRORES BÁSICOS DE LAS INVERSIONES		
Error	Tache si lo has cometido	¿Qué hacer para superarlo?
Invertir sin tener claras tus metas		
Invertir por moda en activos en tendencia		
Querer rendimientos inmediatos		
Invertir sin estudiar los activos, de dónde salen los rendimientos y qué riesgos tienen		
Dejar el dinero guardado bajo el colchón por no tomar una decisión (parálisis por análisis)		
Caer en estafas con promesas demasiado buenas para ser verdad		

Recuerda que la clave para cualquier inversión es la investigación y el aprendizaje. Da los primeros pasos para poner a trabajar tu dinero y aprende todo lo que puedas sobre cada instrumento que te interese.

Si le quieres entrar de verdad, puedes echarte un clavado en *Pequeño Cerdo Capitalista. Inversiones*, el libro dorado, donde encuentras las bases de las estrategias de inversión y también más sobre cada opción, desde depósitos a plazos hasta negocios.

14 LUNES

GASTOS $ $ $

- Ahorro que no se invierte, ¡se lo come la inflación!

---

15 MARTES

GASTOS $ $ $

A

- ¡Quincena! Que no se te vaya el dinero antes de separar tu ahorro.

AGOSTO

GASTOS

16 MIÉRCOLES

• Acuérdate del orden correcto para armar tu estrategia de inversión Meta>Plazo>Riesgo>Rendimiento.

GASTOS

17 JUEVES

• Siempre que te interese un instrumento de inversión, investiga todo lo que puedas al respecto y pregunta por referencias.

18 VIERNES

GASTOS

19 SÁBADO

GASTOS

- Consulta las entidades reguladas en la página de la CNBV https://bit.ly/3Kyu3Jt.

20 DOMINGO

GASTOS

SEMANA 34

¿CÓMO INVERTIR EN LA BOLSA SIN SER UN EXPERTO?

¿Juras que para invertir en la bolsa se necesitan miles de dólares o que "eso" sólo es para expertos que conocen a fondo cada empresa? Pues te cuento que existen los ETF (*Exchange Traded Funds*) y con poco dinero puedes invertir en una buena muestra de diferentes mercados.

¿Y eso qué es? Para no entrar en tecnicismos que sólo te van a marear te diré que un ETF es como el hijo de un fondo de inversión y una acción, que opera en la bolsa, busca replicar o copiar los rendimientos de algún índice de referencia (por ejemplo, el S&P 500, con las principales empresas de Estados Unidos o el IPC de la Bolsa Mexicana) y te permite invertir en diferentes países y sectores, a un bajo costo y con relativa facilidad.

Hay ETF de deuda, metales, acciones, globales, de un sólo país... hay para escoger, pero siempre siendo esta muestra del mercado y sin meterte en la bronca de tener que conocer empresa por empresa.

El ejercicio de esta semana es que conozcas esta opción de inversión para que diversifiques tu portafolio e inviertas para el enganche de tu casa, el retiro, la educación de tus hijos, o cualquier objetivo a largo plazo que tengas. Pero vamos directo al grano, sigue los pasos que te propongo a continuación:

Paso 1. Abre una cuenta en una casa de bolsa en línea o bróker regulado. Si estás en México debe estar autorizada por la Comisión Nacional Bancaria de Valores (CNBV), algunos nombres son GBM, Actinver, Kupsit, Vector, entre otras. En cualquiera que elijas, revisa estos aspectos:

- A) Monto mínimo de apertura
- B) Comisiones (compra, venta y si tienen de saldo o algún tipo de manejo)
- C) ETF disponibles y sus rendimientos

Paso 2. Investiga los ETF en los que vas a invertir. Puedes buscar uno que opere en bolsa de Estados Unidos, uno de índice global y uno que siga al índice de tu país. Dependiendo de tu presupuesto inicial puedes comprar uno de cada uno o el que más complemente tu portafolio. Compara rendimientos, niveles de riesgo, si paga dividendos (en los que siguen índices de acciones), etcétera.

Mis ETF		
Nombre	Abreviatura o símbolo	Precio

Paso 3. Haz tu primera compra.
- A) Selecciona el ticker o clave de cotización.
- B) Revisa las posturas de mercado, es decir, quién compra, quién vende y a qué precio.
- C) Si quieres comprar a un precio específico, define la cantidad y coloca una orden LIMITADA. Esa sólo se realiza cuando alguien acepte lo que ofreces. Otra opción es hacerla a MERCADO y comprar de inmediato al precio que estén los ETF en ese momento.
- D) Dale click en comprar. Si más adelante quieres vender, haces lo mismo, pero le das click en vender.

¿Qué tal? ¿Ya te animaste? Comprar ETF puede resultar aterrador porque desconoces del tema, pero una vez que le agarres la onda, verás que diversificar tu portafolio es más fácil de lo que imaginaste.

AGOSTO

GASTOS

 LUNES

- Esta semana bájale al tiempo que scrolleas en redes sociales y dedícale unos minutos al día a conocer más sobre inversiones.

GASTOS

 MARTES

- Te recomiendo no operar en los primeros 15 minutos que abre la bolsa ni en los 15 minutos antes del cierre, es decir, de 8:30 a 8:45 a. m, ni de 2:45 a 3:00 p. m.

23 MIÉRCOLES

GASTOS $ $ $

- Asigna un porcentaje mínimo para invertir ETF _____
Cuándo domines el vehículo de inversión aumenta el porcentaje.

---

24 JUEVES

GASTOS $ $ $

- En tu siguiente compra, invierte en otro tipo de ETF: deuda o metales, etcétera.

AGOSTO

GASTOS

 VIERNES

• ¿Quieres invertir en la bolsa de Estados Unidos? Elige ETF que sigan a índices como el S&P500 o Nasdaq.

GASTOS

 SÁBADO

GASTOS

 DOMINGO

• Los rendimientos pasados no te pueden garantizar los rendimientos futuros, pero hay que estudiarlos para tener una idea del instrumento y qué les afecta.

SEMANA 35

¿CÓMO DIVERSIFICAR SIN PERDER HASTA LA CAMISA?

¿Te estás animando a invertir, pero te dan pavor las opciones de más riesgo y perderlo todo?

Diversificar es un gran reto para muchos y es súper necesario tanto si quieres ganar más, como para reducir riesgos y que tu dinero esté protegido ante diferentes escenarios económicos.

Muchas personas se quedan en cosas muy básicas por miedo a las pérdidas, pero la mala noticia es que toda inversión tiene riesgo: estar en algo demasiado seguro puede implicar que tu dinero esté teniendo ganancias pequeñas y pierda valor por la inflación. Como tampoco se trata de que te avientes a lo loco, esta semana verás el paso a paso para diversificar que sigo con mis alumnos de Retos financieros, el programa de Pequeño Cerdo Capitalista para avanzar en la ruta de la riqueza.

Palomea los pasos que ya tienes y los que no complétalos en el orden que van:

- [ ] Empieza por tu fondo de emergencias. Estos recursos pueden estar en un fondo de deuda de corto plazo, con liquidez diaria (así lo pides o encuentras en cualquier institución de fondos, casa de bolsa en línea o bróker regulado).
- [ ] Crea tu base de instrumentos de deuda para metas de corto y mediano plazo.
- [ ] Diversifica poco a poco en activos de más riesgo y rendimiento (empiezas con 10% en fondos o ETF de acciones y le puedes ir subiendo, luego fintech, negocios, etcétera) y agregas activos de protección contra la inflación o las recesiones (fondos de tasa real, oro, divisas fuertes).*
- [ ] Revisas tus inversiones semestral o trimestralmente
- [ ] Sigue aprendiendo de análisis e inversiones

*Un camino alternativo: para tus inversiones a largo plazo puedes contratar portafolios o crear los tuyos con modelos como el Portafolio para todos los climas, de Ray Dalio o el de Swensen para el fideicomiso de Yale.

AGOSTO

GASTOS

 LUNES

• Si empiezas por diversificar 10% de tus inversiones, aun si te agarra una calamidad en los mercados, no es grave y aprenderás.

GASTOS

 MARTES

• Si no inviertes, ¡ya estás perdiendo! La inflación le va quitando valor a tus ahorros.

30 MIÉRCOLES

GASTOS $ $ $

- ¡Hoy pagan! ¿Ya separaste un monto para diversificar tus inversiones?

---

31 JUEVES

GASTOS $ $ $

- Acuérdate que renta fija es cuando sabes cuánto te pagan desde el principio, es decir instrumentos de deuda como Cetes o depósitos a plazo de bancos, cajas de ahorro o sofipos.

SEPTIEMBRE

Cuida: priorízate, cuidados financieros para tus seres queridos y ¡presupuesta a tus mascotas!

DOMINGO	LUNES	MARTES	MIÉRCOLES	JUEVES	VIERNES	SÁBADO
					1	2
3	4	5	6	7	8	9
10	11	12	13	14	15	16
17	18	19	20	21	22	23
24	25	26	27	28	29	30

RECORDATORIOINKS

PRESUPUESTO DEL MES

INGRESOS	MONTO

AHORRO	MONTO

GASTOS FIJOS	MONTO

GASTOS VARIABLES	MONTO
TOTAL	

SEPTIEMBRE

GASTOS

 VIERNES

• Los instrumentos de tasa real son los que ganan cuando la inflación sube.

GASTOS

 SÁBADO

• Si diversificar te da miedo, ¡vete con calma e inicia con 10%, pero empieza ya!

GASTOS

 DOMINGO

SEMANA 36

¿ERES TU PRIORIDAD FINANCIERA O SIEMPRE TE DEJAS AL ÚÚÚLTIMO?

¿Quién no conoce o es el amigo de un amigo que dejó de priorizar su salud física, emocional o financiera? ¿Quién en algún momento de la vida no ha gastado (o hasta endeudado) para cumplir el capricho de un familiar, "peor es nada" o disque "amigo"? Reconocer que lo más importante eres tú, puede sonar muy fácil, pero llevarlo a la práctica, puede ser más difícil de lo que te imaginas. Por eso, esta semana te echarás un clavado para saber qué tanto te priorizas en 3 aspectos indispensables: la salud física, emocional y financiera. Y si eres de los que siempre se deja al último, te comparto una lista de lo que debes considerar como más urgente. Primero responde:

SALUD FÍSICA
1. ¿Cuándo fue el último check-up que te realizaste?
   A) Este año.
   B) Creo que el pasado. No siempre me alcanza para hacerlo.
   C) ¿Qué es eso?

2. ¿Tienes contratado un seguro de gastos médicos mayores o uno de retiro?
   A) Sí, tengo mis seguros y mi fondo de emergencias.
   B) No tengo de gastos médicos, pero sí de retiro (o vicerversa).
   C) No, porque soy muy sano y quiero vivir el aquí y el ahora.

SALUD EMOCIONAL-MENTAL
3. Cuando has estado triste o estresado, ¿cómo combates ese estado de ánimo?
   A) Voy a terapia, hago ejercicio o realizo alguna actividad que me guste.
   B) Me encierro, reflexiono y lo platico con un amigo o familiar.
   C) A mí no me pasan esas cosas.

SALUD FINANCIERA

4. **¿Cuántas veces has gastado dinero que ni tienes por quedar bien?**
   A) Nunca.
   B) Me ha pasado algunas veces.
   C) Lo importante es quedar bien y que no piensen que soy pobre.

- **Mayoría de A:** ¡Muchas felicidades! Eres una persona que prioriza su salud física, emocional y financiera.
- **Mayoría de B:** tratas de priorizar tus necesidades, aunque no siempre lo logras. Te va a ayudar la tabla que propongo para que trabajes en esos aspectos.
- **Mayoría de C:** ¡Amigo, date cuenta! Te tienes muy en el abandono y a veces prefieres andar quedando bien con otros antes de cubrir tus prioridades financieras. Vete directito a los siguientes pasos.

Paso 1. Ordena del 1 al 6 las actividades que consideres más prioritarias para tu salud en cada área. Añade una que consideres necesaria.

Paso 2. Investiga cuánto gastarías para cubrirlas. Considera que muchas opciones pueden hacerlas de forma gratuita. Anótalas.

Paso 3. Elige las 3 o 4 más importantes de toda la lista y revisa tu presupuesto para ver cómo lo vas a modificar para incluir estas actividades.

	Actividades prioritarias	Orden	Costo
Salud física	Hacer e ir a las citas médicas que has postergado y check-up anual.		
	Contratar un seguro de gastos médicos mayores.		
	Hacer ejercicio o actividad física.		
	Cocinar en casa un día para tener opciones saludables en la semana.		
	Dormir tus horas y buscar espacios para descansar.		
	Otro:		

Salud emocional	Buscar formas de reducir tus niveles de estrés.		
	Identificar las emociones y externarlas con alguien.		
	Ir a terapias de apoyo o actividades recreativas.		
	Manejar la ansiedad, aburrimiento, tristeza o las emociones que te detonen compras compulsivas		
	Aprender a decir "no" sin culpa y rechazar el chantaje financiero o presión de otros.		
	Otro:		
Salud financiera	Llevar un presupuesto equilibrado, priorizando tus metas y con espacio para tus gustitos.		
	Evitar gastar por quedar bien o complacer a alguien.		
	Revisar las deudas y evitar sobreendeudamiento.		
	Contratar un seguro de retiro o vida.		
	Tener fondo de emergencias.		
	Otro:		

Cuéntanos tus prioridades en redes con el hashtag #RetosFinancieros.

SEPTIEMBRE

GASTOS

4 LUNES

• Día el Trabajo (Labor Day, Estados Unidos).

GASTOS

5 MARTES

• Tu fondo de emergencias te da paz mental y hasta te ayuda a dormir mejor.

6 MIÉRCOLES

GASTOS $ $ $

• Variar tu medio de transporte puede ser una gran idea para ahorrar y hacer más actividad física.

---

7 JUEVES

GASTOS $ $ $

• Al llegar al tercer piso la garantía como que expira ... ¡contrata tu seguro de gastos médicos cuanto antes!

SEPTIEMBRE

GASTOS

 VIERNES

• Las metas claras son un gran antídoto para las compras compulsivas y los amigos sonsacadores con planes carísimos.

GASTOS

 SÁBADO

GASTOS

 DOMINGO

• Hoy se cumplen los 2 meses del reto limpia de clientes, ¿ya tienes al buen cliente para reemplazar al que vas a "despedir"?

SEMANA 37
RETO 5
CUIDADOS FINANCIEROS

¿Tu principal motivo de estrés ya no es tu relajito financiero, sino el de tu gente más cercana? Pues el reto de este mes te caerá perfecto. Se trata de lograr que alguno de tus seres queridos: papás, pareja, hermanos, etcétera, tome cartas en el asunto de las amenazas financieras más importantes que tiene: deuda, retiro, seguro de gastos médicos, etcétera, para que no se conviertan en un problema financiero a futuro, tanto para ellos como para ti.

Si con leerlo hasta sentiste que se te quitaba un peso de encima y dices ¡reto aceptado!, sigue estos pasos:

Paso 1. Revisa los ejemplos del riesgOINKmetro financiero para que identifiques aspectos que pueden impactar o hasta destrozar tu economía en caso de no tenerlos.

MEDIO	ALTO	ALTÍSIMO
Sin seguro de vida Sin seguro de educación	Sin fondo de emergencias Deudas (depende de la gravedad) Sin testamento	Falta de ahorros Sin pensión Sin seguro social o de gastos médicos

Paso 2. Selecciona al ser querido con el que empezarás el reto y por qué es importante para la persona y para ti; por ejemplo, si tus papás no han investigado nada sobre si tendrán pensión o nunca diseñaron un plan de retiro, ¿cómo solucionarían su manutención? ¿Cómo atenderán su salud en caso de una emergencia? O si tu pareja tiene una deuda descontrolada, ¿qué

consecuencias le puede traer? ¿qué planes puede truncar? ¿Hay bienes que se puedan perder? ¿Está afectando su salud emocional o física y de paso la tuya?

Paso 3. Platica con tu familiar con muuuucho tacto sobre la importancia de tomar cartas en el asunto desde ya para prevenir o contrarrestar ese problema. Recuerda que si no lo hacen ahora podrá convertirse en un riesgo económico para todos.

Si hasta sudas de sólo pensar en este paso, regístrate en pequenocerdocapitalista.com/agendaretos2023 para recibir en tu correo un descargable con tips de Renata Roa, autora de *Está en ti*, para llevar estas conversaciones financieras espinosas.

Paso 4. Ayúdale a diseñar un plan para solucionar o reducir su riesgo financiero con base en los siguientes puntos:

- **Meta.** Definan la razón por la cual harán el plan: seguro de gastos médicos, finiquitar una deuda, hacer un plan de retiro, etcétera.
- **Número total de personas.** Considera a todos los que se involucrarán en la solución: puede ser sólo tu ser querido o esta persona y tú, tus hermanos, otros familiares, entre otros.
- **Presupuesto y tareas.** Monto total y aportación mensual entre el total de involucrados. Si se trata de trámites o algún tipo de apoyo también pueden dividirse las tareas.
- **Tiempo.** Establezcan los meses o años que tienen para cubrir esa necesidad; por ejemplo, si es el plan de retiro de tus papás, puede ser una meta a corto o mediano plazo, dependiendo de su edad actual.
- **Institución financiera.** Pon en marcha lo aprendido y considera abrir el producto que corresponda (inversión, seguros).

Si logras llegar a un acuerdo con tu ser querido y que se ponga las pilas con las acciones del primer mes del plan que diseñaron es ¡reto superado!

11 LUNES

GASTOS

• Invita a tus seres queridos a tener toda la documentación en regla: testamentos, beneficiarios de cuentas, los bienes registrados... esto también es prevención financiera.

---

12 MARTES

GASTOS $ $ $

S

• Nunca hay un momento perfecto para hablar de temas financieros espinosos, pero entre más esperas más se agravan.

SEPTIEMBRE

GASTOS

 MIÉRCOLES

• Generen ingresos adicionales para abonar esos centavos al reto de cuidados financieros. Regresa a los retos de febrero o abril.

GASTOS

 JUEVES

• Absorber las deudas de tu pareja rara vez es una solución definitiva. Ayúdale a detectar las causas, reducir gastos y seguir un plan de pagos.

15 **VIERNES**

GASTOS
$ $ $

- Grito de Independencia (México).
- Día de la Independencia (Costa Rica, El Salvador y Guatemala).

16 **SÁBADO**

GASTOS
$ $ $

- Día de la Independencia (México).

17 **DOMINGO**

GASTOS
$ $ $

SEMANA 38

GASTOS INDISPENSABLES *VS.* GASTOS INNECESARIOS EN LAS MASCOTAS

¿Cuánto dinero has gastado en esos accesorios monísimos o juguetes súper-mega-increíbles para Frijol, Logan, Mishu o Porfiria, o cual sea el nombre de tu animal de compañía?

Esta semana establecerás límites financieros hacia tus peludos, michis, erizo o cualquier tipo de mascota que tengas, al diferenciar los gastos indispensables para su desarrollo y bienestar, de los superfluos e innecesarios que únicamente están generando un boquete en tus finanzas.

Y si estás pensando: "Pero yo no tengo ni perro que me ladre", no te preocupes. Este ejercicio te servirá para conocer el presupuesto que necesitas si en algún momento decides integrarlo a tu familia.

¿Cómo vas a identificar los gastos innecesarios que estás haciendo? ¡Manos a la obra! Marca con una palomita tu respuesta a las siguientes afirmaciones.

	Sí	No
¿Le compras premios que le das a diario, cuando debería ser sólo para ocasiones especiales?		
¿Le has comprado accesorios como carriola, zapatos, disfraces o cualquier tipo de outfit?		
¿Lo llevas con estilistas certificados en mascotas para que no solamente lo aseen o corten el pelo, sino también le hagan tratamientos de spa?		
¿Celebraste su cumpleaños organizándole un evento o comprándole un pastel específico para su especie?		
¿Tiene más comodidades (camas especiales, casas, juguetes, areneros) que tú en la infancia?		
¿Has hecho algún gasto para tu mascota que no le cuentas a nadie porque sabes que fue un exceso?		

Si contestas más de un "sí", lamento decirte que seguramente haces gastos innecesarios para tu animal de compañía muy seguido. Pero antes de que caigas en pánico y pienses en vender todos los juguetes de tu peludo, te dejo algunos aspectos que sí debes considerar como gasto indispensable y deben ir en tu presupuesto.

Gasto indispensable	Monto mensual
Comida (croquetas, alimento húmedo y premios ocasionales)	
Veterinario (consulta, vacunas, desparasitante...)	
Acondicionamiento de su hábitat (cama, casa, areneros, peceras, filtros, rejillas, jaulas...)	
Limpieza (shampoo, cepillo, baño, corte de pelo o uñas...)	
Juguetes (con medida) (pelotas, rascadores, discos...)	

Considera tener un fondo de emergencias para sus enfermedades o accidentes y gastos extra, como el servicio de guardería, para cuando tengas que salir de vacaciones y no te lo puedas llevar o nadie lo pueda cuidar.

Tener una mascota, además de ser una responsabilidad, implica tener gastos fijos que debes considerar en tu presupuesto, ya que son seres vivos con necesidades específicas que deberás atender.

SEPTIEMBRE

GASTOS

 LUNES

• ¿De verdad necesitas comprar ese alimento gluten free para tu mascota? A menos de que esté diagnosticado con celiaquía no lo necesita.

GASTOS

 MARTES

20 MIÉRCOLES

GASTOS $ $ $

- Humanizar a los animales de compañía, les genera estrés y ansiedad, y un gran problema en tus finanzas, pues piensas que necesita lo mismo que cualquier ser humano y no es así.

---

21 JUEVES

GASTOS $ $ $

- Fabrica juguetes con materiales que tengas en casa.

SEPTIEMBRE

GASTOS
$ $ $

22 VIERNES

• Durante la pandemia, 22% de las personas gastaron más que en años anteriores en sus mascotas, de acuerdo con estudios del Centro de Opinión Pública de la Universidad del Valle de México (UVM).

GASTOS
$ $ $

23 SÁBADO

• Acude regularmente al veterinario para prevenir enfermedades y mantenerlo en óptima salud.

GASTOS
$ $ $

24 DOMINGO

• Yom Kipur.
• Compra bultos de comida en lugar de bolsas pequeñas, ya que es mucho más barato y te durará por más tiempo.

SEMANA 39

¿CÓMO MEJORAR EN LA RECTA FINAL DEL AÑO?

Estamos por terminar el tercer trimestre y entrando a la recta final del año. Antes de que te agarren las fiestas y rebajas de fin de año, es momento de evaluar cómo vas, detectar qué debes mejorar y meterle el último jalón para cerrar con todo el 2023.

3 meses es muy buen tiempo para hacer mejoras, en lugar de dejarlas para el próximo año, empezar con una listota de pendientes y seguir postergando tus metas.

Te dejo la evaluación trimestral que ya conoces. Compara con las 2 anteriores y detecta qué necesitas para cumplir —o hasta superar— tus objetivos financieros de este año. Repito: todavía estás a tiempo este año.

Recuerda que puedes obtener el formato en PDF registrándote en www.pequenocerdocapitalista.com/agendaretos2023 y si hay otras cosas que quieras medir, también puedes hacer tu propia versión.

EVALUACIÓN TRIMESTRAL

Trimestre:	Fecha:
MIS INGRESOS MENSUALES:	
MIS GASTOS MENSUALES:	
Porcentaje de mis ingresos que ahorro al mes (promedio de los 3 meses): %	
MONTO TOTAL DE MIS AHORROS:	
Porcentaje de mis ingresos que acaparan mis deudas (mensualidades y al menos el doble del pago mínimo de las tarjetas, si no eres totalero): %	
MONTO TOTAL DE MIS DEUDAS	
Porcentaje de mis deudas totales que he pagado: %	

AVANCE DE MIS METAS*	
Meta 1	%
Meta 2	%
Meta 3	%
¿Qué porcentaje de tu fondo de emergencias has juntado? Recuerda que la meta es tener al menos 3 meses de gastos, aunque lo reúnas en varios años.	
Ingresos extra obtenidos en el periodo.	
Rendimiento de mis inversiones en el periodo.	
¿Ya contrataste los seguros que necesitas? ¿Cuál te falta?	
¿Iniciaste algún #RetOINK2023? ¿Cómo vas?	
¿Qué hice bien con mis finanzas?	
¿Qué me comprometo a mejorar en el próximo trimestre?*	

*Pídele a alguien de confianza que lo lea y firme como testigo. Comparte esa casilla en las redes de Pequeño Cerdo Capitalista con los hashtags #CompromisOINK y #RetosFinancieros.

25 LUNES

GASTOS $ $ $

• Para este punto deberías llevar 75% de avance en tus metas del año.
Si no has llegado, ¡métele turbo al "quítamelo que me lo gasto"!

---

26 MARTES

GASTOS $ $ $

• Si te falta avanzar en ingresos extra planea algo que puedas vender
para fin de año. Tienes todo el próximo mes para promocionar y producir.

SEPTIEMBRE

GASTOS

 MIÉRCOLES

• Este mes se trata de cuidarte a ti y a tus seres queridos. No olvides priorizar tu bienestar en tu agenda y presupuesto.

GASTOS

 JUEVES

• Si saliste medio medio en la evaluación, ¡no te desanimes! Aplícate para recuperarte.

29 VIERNES

GASTOS $ $ $

- ¡Viernes de quincena! Cuidadito con saltarte el ahorro.

30 SÁBADO

GASTOS $ $ $

- Busca planes #GratisOCasi para disfrutar el fin de semana sin resaca financiera.

1 DOMINGO

GASTOS $ $ $

OCTUBRE

¡Futurea!: controla tus compras online, protégete de la ciberdelincuencia y éntrale a las criptomonedas y a vender NFT

DOMINGO	LUNES	MARTES	MIÉRCOLES	JUEVES	VIERNES	SÁBADO
1	2	3	4	5	6	7
8	9	10	11	12	13	14
15	16	17	18	19	20	21
22	23	24	25	26	27	28
29	30	31				

RECORDATORIOINKS

PRESUPUESTO DEL MES

INGRESOS	MONTO

AHORRO	MONTO

GASTOS FIJOS	MONTO

GASTOS VARIABLES	MONTO
TOTAL	

SEMANA 40

GLOSARIOINK FINTECH

Estamos acercándonos al último trimestre del año y una de las formas de hacer tus finanzas más todo terreno es conocer las tendencias de tecnología financiera que pueden cambiar el futuro de tu dinero. Resuelve el siguiente crucigrama para saber cuáles conoces y descubrir nuevas.

Verticales
1. Primera criptomoneda que surgió del whitepaper firmado por Satoshi Nakamoto en 2008.
2. Mundo virtual donde las personas pueden interactuar social y económicamente a través de avatares o identidades virtuales, utilizando tecnologías como la realidad virtual, aumentada y blockchain.
3. Instituciones de tecnología financiera que hacen fondeo colectivo, que pueden especializarse en préstamos, inversión en empresas (equity) o proyectos inmobiliarios.
4. Siglas en inglés de Organización Autónoma Descentralizada, son organizaciones que se rigen a través del código, hacen uso de los smart contracts y la mayoría corre sobre la tecnología blockchain para brindar transparencia, autonomía y seguridad a sus integrantes.
5. Literalmente "cadena de bloques" es una tecnología que funciona como un libro de contabilidad digital, donde pueden almacenarse todo tipo de datos, desde transacciones hasta datos personales.

Horizontales
1. Plataforma digital que usa la tecnología de cadena de bloques (blockchain) y expande su uso a una gran variedad de aplicaciones. Ether, su criptomoneda, es la segunda más grande del mercado.
2. Monedas digitales que emplean un cifrado criptográfico. No cuentan con respaldo de un banco central o institución del sistema financiero tradicional.

3. Tokens no fungibles. Son una especie de certificado de autenticidad que se guarda en blockchain y se asocia a archivos u obras digitales únicos.
4. Un sector de empresas que usa la tecnología para mejorar la prestación de servicios financieros especializados.
5. Bancos digitales que ofrecen servicios financieros online. La apertura, contratación de productos y transacciones son totalmente digitales.

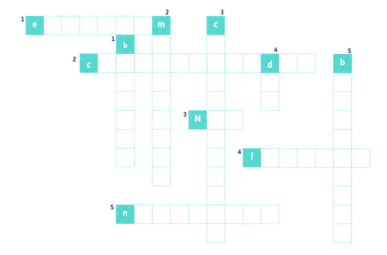

Escribe cuáles de esas tendencias ya usas y cuáles crees que pueden mejorar tus finanzas y por qué. Considera que seguirán creciendo, ya que la digitalización hace que cada vez más gente pueda acceder a ellas. Investiga cuáles son las que más te convienen de acuerdo con tus metas financieras.

_____
_____
_____
_____

Comparte en las redes de Pequeño Cerdo Capitalista cuáles son las tendencias que crees que mejorarán más tus finanzas en los próximos 5 años y por qué, usando el hashtag #RetosFinancieros.

OCTUBRE

GASTOS

 2 LUNES

• ¿Quieres abrir un contrato con una fintech? Busca si está regulada por una institución financiera de tu país, en México lo puedes consultar en la CNBV.

GASTOS

 3 MARTES

• El crowdfunding inmobiliario te permite invertir en bienes raíces sin tener que comprar tooodo un inmueble. Hay de deuda, rentas y participaciones.

4 MIÉRCOLES

GASTOS

5 JUEVES

GASTOS

- Los activos fintech pueden ser una opción de diversificación para tus inversiones. Empieza con un porcentaje bajo en lo que los conoces a fondo.

OCTUBRE

GASTOS

6 VIERNES

- Hablando de apps de finanzas personales, ¿ya bajaste Mis Metas PCC?

GASTOS

7 SÁBADO

GASTOS

8 DOMINGO

- Dato curiosOINK del metaverso: en 2021 una bolsa Gucci virtual se vendió más cara que su versión real en Roblox.

SEMANA 41

¿CÓMO EVITAR LAS COMPRAS ONLINE INNECESARIAS?

Había una vez un amigo del primo que no vino a la fiesta, a quien casualmente y por "arte de magia" siempre se le aparecía en la pantalla del celular o la computadora ese producto o servicio que según tanto ansiaba, y como era una "oferta irresistible" terminaba comprando todo lo que veía en internet.

¿Te suena familiar? Evalúa tu comportamiento de compras en línea y sabrás si se te han colado algunas (o muchas) impulsivas. ¿Estás listo? Responde lo siguiente:

1. ¿Cuántas compras online realizaste en el último mes?

    A) Una   B) De 2 a 5   C) Más de 5

2. ¿Con qué frecuencia compras cosas que ves en línea que no habías planeado ni necesitabas?

    A) Nunca   B) En ocasiones   C) Súper seguido

3. ¿Llevas un control de tu tarjeta de crédito y analizas si la puedes pagar antes de agregar una nueva compra en línea?

    A) Siempre   B) En ocasiones   C) Nunca

4. ¿Compras para olvidarte de un problema, "sentirte mejor" o por aburrimiento?

    A) Nunca   B) En ocasiones   C) Siempre

5. ¿Pasas horas en redes sociales o navegando en internet y terminas comprando de más?

    A) Nunca   B) En ocasiones   C) Siempre

- **Mayoría de A:** eres un comprador consciente. Tu habito de compras es casi siempre controlado y responsable. De repente puedes tener deslices. Cuida que no sea muy seguido.

- **Mayoría de B:** tratas de controlarte, pero en muchas ocasiones te dejas llevar. Para controlar tu hábito, reduce el tiempo en línea, repasa tus metas, revisa tus emociones antes de comprar, pregúntate: "¿Lo quiero o lo necesito?", y antes de gastar evalúa si lo puedes pagar.
- **Mayoría de C:** ¡Houston, tenemos un problema con las compras en línea! Es posible que pases demasiado tiempo en internet y además compres por impulso o por algún disparador emocional. Procura poner en marcha las estrategias de Mayoría de B, pero si esas compras persisten, acude con un profesional para trabajar esa conducta, ya que pueden causarte problemas económicos o mentales.

Cualquiera que sea tu resultado, esta semana lo importante será evitar las compras compulsivas online. Sigue los pasos que te propongo para no caer en la tentación.

Paso 1. **Limita tus tarjetas.** En tu aplicación bancaria puedes fijar el límite de gastos o bloquear tus tarjetas de débito y crédito. En las tiendas online o sitios web, elimina tus tarjetas y nunca permitas que se guarden los datos bancarios y medios de pago.

Paso 2. **Descarga un bloqueador de anuncios.** En tu computadora o teléfono celular utiliza una aplicación para bloquear la publicidad, para que, cuando estés navegando, no te aparezcan anuncios.

Paso 3. **Desactiva el asistente de voz de tu celular.** Si piensas que por arte de magia te aparecen anuncios de lo que estabas pensando, lamento desilusionarte. Los asistentes virtuales pueden recopilar información de tus preferencias al "escuchar" tus conversaciones.

Paso 4. **Elimina las cookies.** Borra las cookies e historial de navegación de tu teléfono celular y computadora, y ten cuidado con las que aceptas. Estar scrolleando todo el día y pasar de una página a otra en un click, implica que se guarde tu información y te aparezca publicidad de lo que ya habías buscado.

Cuéntanos tu estrategia para evitar compras innecesarias, para tener paz mental y financiera, usa el hashtag #RetosFinancieros.

9 LUNES

GASTOS $ $ $

- Ten a la vista tus metas y dales seguimiento semanal. Son un gran antídoto para compras compulsivas.

---

10 MARTES

GASTOS $ $ $

- Compra impulsiva = sin pensar. Compra compulsiva = activada por un malestar.

OCTUBRE

GASTOS

 MIÉRCOLES

• ¿Te sientas triste o súper alegre? ¡Aléjate de las páginas donde más compras en línea!

GASTOS

 JUEVES

• Si viste algo que te encantó en una tienda en línea, pero no es indispensable, ponlo en tu lista de deseos o favoritos. Muy probablemente se te olvida en unos días y ya no gastas.

 **VIERNES** GASTOS

- Usa internet a tu favor para comparar precios, sobre todo en compras importantes.

14 SÁBADO GASTOS

15 DOMINGO GASTOS

- ¿Lo quiero o lo necesito? Pregúntatelo siempre antes de dar click en "comprar".

SEMANA 42

¡CUIDADO CON LOS CIBERRATAS! ESTRATEGIAS PARA PROTEGER TU INFORMACIÓN Y TUS CUENTAS

¿Cómo cuidas tu información de redes sociales? ¿Tienes activada la verificación de dos pasos en WhatsApp? Seguramente has escuchado o leído alguna historia de terror sobre el famoso o amigo al que le hackearon su cuenta para extorsionarlo, pedir dinero a sus contactos o hacerles ofertas falsas a sus seguidores.

Cualquiera de nosotros está expuesto a que hackeen sus redes sociales o la cuenta de WhatsApp para suplantar la identidad o entrar por error a un link apócrifo e introduzcas tus contraseñas. Esta semana conocerás cómo protegerte de la ciberdelincuencia para reducir el riesgo de ser una víctima.

Sigue estas medidas para evitar ser víctima de un ciberataque y coloca una palomita cada que cumplas una.

1. WhatsApp o cualquier aplicación de mensajería instantánea

- ☐ Activa el doble factor de autentificación o "verificación en dos pasos". Ve a la configuración de tu celular. Si es Android te pedirá un PIN si es iPhone directamente entra a los ajustes. Activarlo le dará mayor seguridad a tu cuenta.
- ☐ Evita entrar a enlaces o archivos que te manden sin ser solicitados, pues pueden ser virus maliciosos. Si ya lo hiciste, no introduzcas contraseñas o datos personales.
- ☐ Si te robaron la línea o códigos de seguridad, comunícate con tus contactos para avisarles que no eres tú y evitar que también sean víctimas.

2. Redes sociales
- [ ] No uses la misma contraseña para todas las redes y cámbiala frecuentemente.
- [ ] Crea contraseñas seguras combinando letras y números. Si la red lo permite, añade caracteres especiales.
- [ ] Si eres víctima de suplantación de identidad, denuncia tu perfil y avisa a tus contactos de que no eres tú o tienes problemas con la red.

3. Correo electrónico o mensaje de texto (phishing y smishing)
- [ ] Evita dar click en enlaces que te pidan validar o actualizar información de tu cuenta bancaria. Recuerda que los bancos jamás te pedirán contraseñas o información confidencial por medio de un email o SMS.
- [ ] Revisa que la página en la que navegas tenga el candado de identidad. En la barra de dirección te aparecerá un candado verde o gris. Si está con un triángulo amarillo o con una línea roja, es probable que sea una conexión no segura.
- [ ] No descargues archivos adjuntos de destinatarios desconocidos, puede que sea para robar tu información personal.

Los ciberdelincuentes se ponen cada vez más creativos para acceder a tu información personal y cuentas. Aplica estos tips y comparte las medidas adicionales que usas para protegerte con el hashtag #RetosFinancieros.

OCTUBRE

 GASTOS

 16 LUNES

• No proporciones datos ni hagas click en ligas que te pidan información personal o financiera.

 GASTOS

 17 MARTES

• Usa WhatsApp web únicamente en tu computadora personal, ya que es un método muy sencillo para abrir la aplicación y acceder a tus contactos.

18 **MIÉRCOLES**

GASTOS

- ¿Recibiste una llamada del banco preguntándote por una compra sospechosa y te piden información? Mejor cuelga y llama tú para verificar.

19 **JUEVES**

GASTOS

OCTUBRE

GASTOS

20 VIERNES

• Desconfía de los mensajes o llamadas que te digan que ganaste un sorteo en el que jamás participaste.

GASTOS

21 SÁBADO

GASTOS

22 DOMINGO

• Evita usar tu banca por internet desde redes gratuitas.

SEMANA 43

ÉNTRALE A VENDER NFT

Seguramente ya has escuchado sobre el metaverso y las innovaciones que se están generando, que te permiten visitar lugares, comprar cosas y disfrutar de experiencias creadas exclusivamente para este universo digital.

Parte de este mundo virtual son los tokens, que funcionan como moneda de cambio. Si eres (o conoces) a un gamer, sabrás que la ropa especial de sus avatares tiene un costo. Pero esto fue sólo el comienzo, pues ahora existen activos digitales únicos que no pueden ser intercambiados por otros, los NFT (Token No-Fungible, por sus siglas en inglés).

Un NFT puede ser básicamente cualquier tipo de archivo único (imagen, video, GIF, sonido o hasta una publicación en redes sociales), al que se le hace un registro digital en blockchain, que permite saber quién es el dueño y actualizarse si cambia de manos. En algunos casos, los NFT implican una membresía que te da ciertos beneficios como entradas a eventos virtuales o ser parte de una comunidad.

Lo mejor es que tú puedes ser parte de este relativamente nuevo mercado, no sólo como comprador, sino como desarrollador. Imagínate haciendo ropa virtual o imágenes para avatar en redes sociales, vendiendo arte digital o hasta ofreciendo servicios de diseño arquitectónico para espacios digitales.

Lo único que necesitas es conocimiento para crear el tipo de activo que quieres vender (diseño, foto, audio) o aliarte con alguien que pueda ejecutar tus ideas y compartir la propiedad del NFT.

Vender es más sencillo de lo que parece pues ya existen marketplaces para NFT, incluso, algunas autorregulaciones, pues los mercados más serios investigan al autor/diseñador y su confiabilidad, hacen operaciones trazables para que no se pueda robar la propiedad intelectual de otra persona, y permiten hacer o recibir pagos con criptomonedas.

El ejercicio de esta semana será identificar qué puedes vender, crear tu primer NFT y ponerlo a la venta:

1. Describe el NFT que quieres crear: _____
   _____
   _____

2. Crea tu archivo digital.
3. Investiga qué marketplace es el más adecuado para el tipo de NFT que subirás y cuáles son sus comisiones. En OpenSea puedes crear y vender NFT de todo tipo. Si eres artista, puedes probar en Super Rare. También existe Valuables si lo que quieres es vender un tuit.
4. Vincula tu wallet (billetera de criptomonedas). La necesitarás para vender tus NFT. Si no tienes una, crea una compatible con el marketplace que seleccionaste, muchas hacen sus transacciones en ether.
5. Sube tu NFT. Normalmente es tan sencillo como adjuntar un archivo a un mail o publicar en una red social, sólo tendrás que completar un formulario para identificar tu NFT.
6. Dedica tiempo a nombrarlos y escribir sus propiedades. Muchos NFT incluyen beneficios, contenidos o eventos exclusivos para quienes los adquieren.
7. Define su precio. Normalmente se denomina en la criptomoneda más usada en la plataforma, por lo generan ether, y la plataforma provee el tipo de cambio del momento a dólares o tu moneda. En ocasiones algunas colecciones se venden por etapas y en cada etapa se incrementa el precio para generar sentido de urgencia.
8. Una vez que tu NFT esté "listado", podrás recibir ofertas por él. Publicita tu NFT en redes sociales usando hashtags como #NFT #NFTCollectors o los que veas que está usando la comunidad de artistas y coleccionistas, o si tienes acceso a personas con sitios, canales o incluso medios de comunicación puedes buscar que publiquen acerca de tu creación.

Anímate a entrar a un nuevo mundo lleno de posibilidades y cuéntanos en redes sociales qué empezarás a ofrecer usando el hashtag #RetosFinancieros y #NFT.

23 LUNES

GASTOS

- Los NFT pueden ser únicos o vender series limitadas a múltiples, pero su precio también dependerá de eso.

24 MARTES

GASTOS

OCTUBRE

GASTOS

25   **MIÉRCOLES**

• El collage Everydays: The First 5000 Days de Beeple hizo explotar a los NFT al venderse por 69 millones de dólares en una subasta de Christie's en 2021.

GASTOS

26   **JUEVES**

• ¿No se te ocurre un NFT específico? Ropa y accesorios para avatares o hasta muebles digitales también pueden ser opción para entrarle a la economía del metaverso.

27 VIERNES

GASTOS $ $ $

- Los precios de cada NFT dependen de la oferta y la demanda en el mercado.

28 SÁBADO

GASTOS $ $ $

- Los NFT, igual que los artículos para coleccionistas en el mundo offline, dependen del valor percibido y es difícil predecir cuáles valdrán más a futuro.

29 DOMINGO

GASTOS $ $ $

SEMANA 44

ELIGE UN EXCHANGE DE CRIPTOMONEDAS

Es claro que las criptomonedas llegaron para quedarse y cada vez es más frecuente su uso como instrumento de inversión y para intercambio de bienes y servicios.

Si te interesa empezar a adquirir criptomonedas, una de las formas de hacerlo es a través de una casa de cambio o exchange. Por eso, el ejercicio de esta semana será investigar múltiples plataformas que existen para comprar y vender criptomonedas, además de sus respectivos wallets, que te ayudarán a usar tus criptomonedas.

Lo primero que tienes que hacer es investigar los 3 exchanges más usados en tu país, si ya son regulados por la autoridad o tiene algún tipo de seguro (por aquello de los hackers).

Después, investiga de cada uno los siguientes puntos y marca con una palomita los que sí cumplan.

EXCHANGE DE CRIPTOMONEDA						
Nombre del exchange	¿Tiene algún seguro?	Autenticación de dos factores	Es un sitio seguro (certificado SSL)	Notificaciones de seguridad y confirmación de identidad del cliente (KYC)	Forma de contacto y oficinas físicas localizables	¿Tiene las mejores comisiones (cambio, depósito y retiro)?

Suma las palomas y escoge el exchange que tenga mejor calificación. Antes de abrir una cuenta, asegúrate de pedir referencias de gente que ya lo use, investigar su reputación, si es una empresa global o local y entonces podrás tomar una decisión informada.

Recuerda que lo más importante es que tu dinero esté protegido para que tengas una nueva herramienta para crecer financieramente.

30 LUNES

GASTOS

- Busca con la autoridad financiera de tu país en qué estatus se encuentra la regulación de los exchanges.

---

31 MARTES

GASTOS

- Es Halloween... pero también el Día Mundial del Ahorro, aplícalo para evitar terrores financieros.

NOVIEMBRE

Disfruta… sin quebrar: aplícate, planea tus gastos de fin de año y pásala bomba con tu dinero

DOMINGO	LUNES	MARTES	MIÉRCOLES	JUEVES	VIERNES	SÁBADO
			1	2	3	4
5	6	7	8	9	10	11
12	13	14	15	16	17	18
19	20	21	22	23	24	25
26	27	28	29	30		

RECORDATORIOINKS

PRESUPUESTO DEL MES

INGRESOS	MONTO

AHORRO	MONTO

GASTOS FIJOS	MONTO

GASTOS VARIABLES	MONTO
TOTAL	

NOVIEMBRE

GASTOS

1   **MIÉRCOLES**

• Inicio de mes. ¿Cómo va el avance de tus metas?

GASTOS

2   **JUEVES**

• Día de Muertos (México).

3 **VIERNES**

GASTOS
$ $ $

- Un punto a favor es que tu exchange mantenga wallets frías (desconectadas de internet); tibias (de operaciones manuales) y calientes (en línea) para proteger los fondos de los usuarios.

---

4 **SÁBADO**

GASTOS
$ $ $

---

5 **DOMINGO**

GASTOS
$ $ $

- Ojo con las comisiones de retiro en tu moneda. A veces intercambiar es barato, pero pasarlas a tu wallet no tanto.

SEMANA 45
RETO 6
#RENUEVAELCLÓSET SINGASTAR

Sí, ya sé que desde el título suena increíble y te preguntas, ¿cómo voy a lograrlo? Te aseguro que será mucho más fácil y terapéutico de lo que te imaginas. El reto de este mes consistirá en renovar, al menos, 3 prendas de tu clóset sin gastar UN CENTAVO, por medio de una venta de garage, internet, aplicación o trueque.

Además, como ya se vienen las fiestas de fin de año y es muuuy probable que pienses en estrenar algún atuendo para algunos compromisos, te caerá como anillo al dedo. ¿Aceptas el reto?

1. Selecciona todas las prendas o zapatos que tiene más de un año que no usas y estén en buenas condiciones para vender o intercambiar. ¡Tranquilo! Esa prenda que juraste ibas a volver a usar o que algún día te iba a quedar de nuevo, llegará a manos de alguien que le dará una nueva vida.
2. Conserva las piezas clásicas y básicos de buena calidad. Quédate con los colores y prendas que no pasan de moda; haz un par de combinaciones con esas piezas y decide si realmente funciona con el resto de tu guardarropa.
3. Separa la ropa rota e irreparable. Ésa la desecharás de forma responsable.
4. Identifica las piezas que te hacen falta, para que las consigas por medio de intercambio o en tiendas de segunda mano. Si de plano lo que buscas son nuevas prendas, por favor, revisa que no sean fast fashion.
5. Identifica, separa y recontra separa las piezas que vas a intercambiar para que te quedes mínimo entre 3 y 5 prendas ¡Ey, deja ese suéter y no lo regreses porque te lo regaló tu ex!

¿Ya tienes todas las piezas seleccionadas? Es momento de decidir la mejor opción para ofrecer tus prendas y conseguir las nuevas.

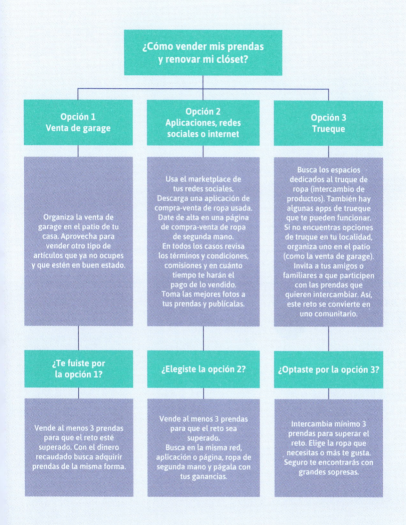

Si conseguiste renovar 3 prendas sin gastar un centavo adicional, ¡reto superado! Mándanos una foto de tus flamantes adquisiciones a las redes de Pequeño Cerdo Capitalista usando #RetosFinancieros2023.

NOVIEMBRE

GASTOS

 6 LUNES

• #FurFree Opta por pieles vegetales hechas de bioelementos o ecológicas.

GASTOS

 7 MARTES

• Si tienes niños o bebés, intercambia la ropa con algunos conocidos. Como crecen rápido, suelen dejar la ropa en muy buen estado.

8 MIÉRCOLES

GASTOS $ $ $

- ¿Tienes varias salidas de fin de año? Enfoca tus esfuerzos del reto #RenuevaElClósetSinGastar en prendas para esas ocasiones.

---

9 JUEVES

GASTOS $ $ $

- Separa la ropa vieja, reutilízala en trapos o deséchala de forma responsable en contendedores para ese propósito. Algunas tiendas de ropa ya los tienen.

NOVIEMBRE

GASTOS

10 VIERNES

- Arreglitos como cambiar los botones decorativos, ajustar las bastillas o dobladillos pueden ayudarte a darle nueva vida a la ropa y evitarte más compras. Consejazo de @styledbypaty.

GASTOS

11 SÁBADO

- Plancha tus prendas y muéstralas en buen estado, ya sea para la foto de la publicación, bazar, venta de garage o trueque.

GASTOS

12 DOMINGO

- Sigue las instrucciones de lavado de las prendas y las que aguanten varias puestas no las laves tan seguido (p. ej. los jeans). Te durarán más y ahorras agua.

SEMANA 46

ANALIZA CON LUPA LAS OFERTAS DE FIN DE AÑO

¿La temporada de rebajas de fin de año siempre da al traste con tus finanzas? ¿Te brillan los ojitos, así sea con 10% de descuento? ¿Crees que ese 3x2 es la ofertota que estabas esperando? Antes de que gastes hasta el último centavo en el Buen fin, Black Friday, Hot sale, Cyber Monday, ventas nocturnas y anexos, esta semana –y ojalá se convierta en un hábito que repitas siempre– pondrás en práctica algunos consejos para identificar las verdaderas ofertas y evitar ser víctima del consumismo y la mercadotecnia.

Paso 1. Escribe en la tabla final los productos que planeas comprar con base en un presupuesto. Acuérdate que si no lo habías planeado adquirir y sólo lo compras porque está de oferta "no es ahorro, es gasto con descuento".

Paso 2. Anota el precio de cada producto. Haz una búsqueda en línea para que conozcas los precios actuales y puedas compararlos contra los que publiquen cuando comiencen las "ofertas irresistibles de fin de año".

Paso 3. Cada que te encuentres ante una "oferta" de lo que estabas buscando, realiza las siguientes acciones para identificar si en realidad lo es o sólo te están dando gato por liebre.

- [ ] **Precio:** compara los precios de los productos en varias páginas o comercios y compáralos contra los que registraste en el paso 1.
- [ ] **2x1 o 3x2:** revisa que el precio no esté elevado; por ejemplo, si normalmente compras ese producto en 10 dólares y ese día está en 14, ¡haz cuentas!, terminarás gastando y comprando más.
- [ ] **Meses sin intereses:** úsalos sólo para bienes con mayor vida útil que el plazo de pago, como tecnología, electrónica o muebles. En casos contadísimos puedes usarlos para despensa (no percederos) o ropa (básicos duraderos, nada de fast fashion). Dependiendo de la promoción que tenga la tienda, evalúa si te conviene pagar más a meses o de contado.

- ☐ **Banco:** revisa con tu banco las promociones adicionales a sus tarjetahabientes. Algunos ofrecen bonificaciones a las compras a meses o por cierto monto total.
- ☐ **Liquidaciones:** revisa las promociones adicionales que tengan pero también las garantías.
- ☐ **Devolución:** revisa las políticas de devolución, puede que al siguiente día te encuentres un producto de mejor calidad y a menos precio o que lo que compraste se descomponga en un mes, ¡uno nunca sabe!

Platícanos en redes sociales, cómo te fue con el bombardeo de "ofertas" y qué otras estrategias utilizas para reconocer las verdaderas rebajas de fin de año.

Producto	Precio actual	Nombre de la tienda	Precio en semana de "oferta"

13 LUNES

GASTOS $ $ $

- "¿Lo quiero o lo necesito?" Tiene que ser tu frase de estas semanas.

---

14 MARTES

GASTOS $ $ $

- En este mes puede haber ofertas de algunos productos no perecederos y bebidas para las cenas de fin de año. Planea de una vez.

NOVIEMBRE

GASTOS

15 MIÉRCOLES

• Los meses sin intereses son facilidades de pago, no descuentos.

GASTOS
$ $ $

16 JUEVES

• Cuida tus datos financieros en línea, no dejes que se almacene la información de tu tarjeta. En las terminales de venta, revisa el dispositivo para evitar clonaciones.

17 VIERNES

GASTOS $ $ $

• Si no has planeado comprar nada, haz planes #GratisOCasi que NO impliquen visitar centros comerciales. Pueden ser actividades al aire libre, culturales o deportivas.

18 SÁBADO

GASTOS $ $ $

• Contabiliza el total de meses sin intereses que ya tienes antes de dar otro tarjetazo.

19 DOMINGO

GASTOS $ $ $

• El típico 3x2 funciona para productos no perecederos de despensa, higiene o limpieza... no para que te compres 3 pantalones de temporada iguales pero de color diferente.

SEMANA 47

¿CÓMO AHORRAR CON LOS REGALOS DE FIN DE AÑO?

Nos acercamos a las últimas semanas de este 2023, ya se escucha a lo lejos *Los peces en el río*, comienza a oler a ponche y se empieza a alargar la lista de regalos entre la familia y los quinientos mil intercambios de fin de año: con los de la oficina, con los amigos, con los primos, hasta con los del kínder.

Esta semana tu misión es planear y optimizar los regalos, para evitar que tu bolsillo sufra un gran boquete navideño.

1. Haz una lista de los regalos de Navidad que obsequiarás este año: hijos, pareja, padres, hermanos, etcétera. Incluye los intercambios que ya confirmaste. Regístralos en la tabla final.
2. Anota el presupuesto que tienes por regalo y suma el total. ¿Te va a alcanzar?
3. Identifica de la lista mínimo a 3 personas a las que puedes hacerle regalos alternativos, que puedas crear tú. Coloca un asterisco y vuelve a sumar, ¿el presupuesto se redujo?

Éstas son algunas ideas para esos regalos:

☐ **DIY o "hágalo usted mismo":** usa tu creatividad y materiales que tienes en casa para elaborar un bonito regalo personalizado, puede ser desde una maceta, portarretrato, tazas, tarjetas, etcétera.

☐ **Digital:** aquí puedes aprovechar la tecnología para hacer un buen presente: tarjeta navideña digital, álbum de recuerdos online, video de recuerdos, lista de reproducción de música, etcétera.

☐ **Comida:** ¿te gusta cocinar? ¿Eres buenazo con los postres? Elabora tus mejores recetas para cocinarle a esa persona, puede ser desde una comida o cena, galletas, brownies, pasteles, gelatinas, etcétera.

☐ **Experiencia:** organiza una caminata, carrera de obstáculos, paseo al zoológico o bosque. El tiempo que le dediques a una persona también es un regalo y obsequio invaluable.

¿Cómo esquivar los intercambios?
La verdad muchos entramos por compromiso o porque nos da pena decir que no, en especial a los del trabajo.

Como el chiste es compartir, puedes proponer que este año hagan una convivencia con algún juego o actividad. Seguro sale más barato y no acabas con una taza de piolín o con el regalo que ya sabías que ibas a recibir porque todos ponen qué quieren.

También se vale decir que en este momento tienes un compromiso fuerte y no puedes.

Cuéntanos en redes sociales cómo te fue con los regalos de fin de año y qué otros regalos alternativos hiciste usando el hashtag #Retos-Financieros.

Regalo	Persona	Presupuesto de regalo
1		
2		
3		
4		
5		
6		
Total		

NOVIEMBRE

GASTOS

20 LUNES

• Día de la Revolución Mexicana.
Cariño y precio no son sinónimos. Concéntrate en buscar qué le gusta a la persona.

GASTOS

21 MARTES

• Si tienes tu lista de regalos con tiempo, puedes aprovechar las ofertas de fin de año.

22 MIÉRCOLES

GASTOS $ $ $

- Cuando regalas por compromiso aumentan las posibilidades de que tu obsequio termine en roperazo.

---

23 JUEVES

GASTOS $ $ $

- Día de Acción de Gracias (Thanksgiving).

NOVIEMBRE

GASTOS
$ $ $

24 **VIERNES**

• Los libros, plantas, entradas para el cine pueden ser regalos económicos y útiles.

GASTOS
$ $ $

25 **SÁBADO**

• No compres un día antes del intercambio o la Nochebuena, te costará más encontrar algo bueno y será más caro.

GASTOS
$ $ $

26 **DOMINGO**

SEMANA 48

REUNIONES DE FIN DE AÑO

Estamos a vísperas del mes con tantos compromisos sociales que la misma Paris Hilton moriría de envidia: que si la cena con los amigos, la comida con los de la oficina, la posada con los vecinos y un sinfín de eventos en la agenda que ya te preguntaste, ¿cómo vas a pagar todas esas saliditas de fin de año sin dar un tarjetazo?

La tarea de esta semana es:
1. Revisar tu agenda para ver todos los eventos que tienes y sumar el costo aproximado que implicarán: _____
2. Reducirlos, tachando los que son prescindibles y por puro compromiso.
3. Convertir al menos 4 compromisos sociales de diciembre (uno por semana) en reuniones en las que gastes poco o nada, para que ni tú ni tus seres queridos se desfalquen por estar juntos, pues lo importante no es el bar o restaurante, sino el placer de compartir el tiempo en estas fiestas.
4. Anotar cuánto gastaste y comparar al final de la temporada con el costo del punto 1: _____

¿Le entras? Algunas ideas para reducir el costo de las salidas de fin de año pueden ser:

- **Cena o comida en casa:** sugiere una cena o comida en casa, ya sea en la tuya o de alguno de los confirmados y propón que cada uno lleve un alimento para compartir (de preferencia elaborado por ellos mismos), así como las bebidas que cada uno vaya a tomar.
- **Posada o pastorela gratuita:** es común encontrar pastorelas y posadas gratuitas en los centros culturales de la localidad, museos, plazas públicas, etcétera. Busca opciones en las redes sociales y propón una reunión cultural. Además de que seguro se divertirán, dejarán de hacer la típica reunión de fin de año.

- **Promociones en restaurantes:** en lugar de dejarte llevar por el "para eso trabajo" y te vayas a la terraza o restaurante de moda, busca promociones de restaurantes locales. Algunos ofrecen paquetes para grupos de personas y resultan más accesibles para todos.
- **Comida godín en la oficina:** típico que tienes una comida con los compañeros del trabajo a la que no puedes faltar, ¿por qué no mejor organizar una en el comedor de la empresa o algún espacio disponible y que cada uno lleve los alimentos que quiera compartir con los demás?
- **Picnic:** ya sé que está haciendo frío en algunos lugares y piensas "¿cómo voy a hacer un picnic en estas fechas?" Pero ir temprano a un parque y que cada uno lleve alimentos y juegos, resultará muy divertido y económico.

Cuéntanos en redes sociales cómo terminó tu agenda de fin de año y cuánto ahorraste al cambiar las actividades aplicando el #GratisOCasi.

27 LUNES

GASTOS
$ $ $

- Es fin de año, no fin del mundo. No tienes que ver a toooodos los que conoces de aquí al 31 de diciembre.

28 MARTES

GASTOS
$ $ $

NOVIEMBRE

GASTOS

29 **MIÉRCOLES**

• Planear tu agenda con anticipación te ayuda a manejar mejor tu tiempo y presupuesto en estas épocas.

GASTOS

 JUEVES

• ¿Ya le subiste el monto al "quítamelo que me lo gasto"? Como que para ser fin de año ya deberías echarle más, ¿no?

DICIEMBRE

¡Festeja! Aprovecha tu aguinaldo, reto #LupeReyesDelAhorro, evalúa y celebra tus LogrOINKS

DOMINGO	LUNES	MARTES	MIÉRCOLES	JUEVES	VIERNES	SÁBADO
					1	2
3	4	5	6	7	8	9
10	11	12	13	14	15	16
17	18	19	20	21	22	23
24	25	26	27	28	29	30
31						

RECORDATORIOINKS

PRESUPUESTO DEL MES

INGRESOS	MONTO

AHORRO	MONTO

GASTOS FIJOS	MONTO

GASTOS VARIABLES	MONTO
TOTAL	

1 VIERNES

GASTOS

- No apliques el tarjetazo para las comidas o salidas de fin de año.

2 SÁBADO

GASTOS

- Deja en paz ese aguinaldo, no pienses que después pagarás la fiesta con lo que recibas.

3 DOMINGO

GASTOS

SEMANA 49

¿QUÉ HAGO CON MI AGUINALDO?

Si ya estás con un pie en las fiestas de fin de año y tarareando "Oh, pido posada..." o "Jingle bells, jingle bells", y ni has pensado en qué hacer con tu aguinaldo* o ya lo destinaste sólo a juerga, regalos y varios gustitos, ¡détente!

Esta semana y antes de que te "quemes" todo tu aguinaldo (producto de tu esfuerzo y trabajo de todo el año) identificarás cuál es la mejor opción para destinar por lo menos la mitad de lo que recibirás.

1. Sigue el esquema de la siguiente página, para saber qué te conviene más.
2. Selecciona la opción que más te urja cubrir. Inicia con las opciones de deuda.
3. Si de la opción que seleccionaste te sobra dinero, agrega otra.
4. Aparta algo para darte un gustito, reconoce tu chamba de todo el año y tu esfuerzo por ocuparte de tus finanzas.

Compártenos en las redes de Pequeño Cerdo Capitalista en qué piensas invertir tu aguinaldo y por qué, con el hashtag #RetosFinancieros.

*Si eres independiente y no recibes aguinaldo, ¡no te apachurres con este ejercicio! empieza a ahorrar 4.166% de tus ingresos cada mes para que el año que viene en estas fechas tengas 15 días de tus ingresos (en promedio) para esta temporada.

Mi aguinaldo se destinará a...

¿Tienes deudas?

Sí

A) Tarjeta de crédito. Trata de liquidarla o bajarle lo más posible para que dejes de pagar intereses y empieces un 2024 libre de deudas.

B) Crédito hipotecario. Adelanta una mensualidad para ahorrarte intereses, en especial si tenía una tasa antigua o estaba en veces salario mínimo.

C) Crédito automotriz. Al igual que el hipotecario, hacer pagos anticipados te permite abonar al capital y los intereses insolutos que pagarás son menores.

D) Préstamos. Incluye desde lo que te prestó tu mamá, hasta los que pediste a instituciones o bancos. Puede que los primeros no te generen intereses financieros porque le debes a un familiar o amigo, pero puede que sí tenga un costo en relaciones: esa persona no te hizo una donación ni es para "pagarle cuando puedas". Si tienes un crédito personal, avanza alguna mensualidad o si la tasa es alta trata de liquidarlo.

No

A) Abre un fondo de inversión. Puedes checar en cuál diversificar tu dinero usando páginas como morningstar.com.mx. Si ya inviertes en deuda (Cetes, pagarés), busca uno que invierta en bolsa de tu país y otro en bolsa de EU.

B) Invierte en tu ahorro para el retiro. Puedes iniciar tu ahorro voluntario en tu Afore desde 50 pesos o contratar un seguro para el retiro con montos mensuales accesibles.

C) Completa tu fondo de emergencias. Si por "x" razón no pudiste completar tu fondo o lo utilizaste por algún imprevisto (pues para eso era), vuelve a depositar lo que falte para que esté al cien muy pronto.

D) Invierte en tu salud. ¿Recuerdas la semana 36 acerca de priorizar tu salud financiera, emocional y financiera? Si no pudiste hacerte ese check-up, es momento de contratar el seguro de gastos médicos mayores o ir a esa terapia.

E) Cumple tus metas. ¿No has cumplido las metas que definiste al inicio del año o te quedaste a poquito de hacerlo? Destina una parte de tu aguinaldo para avanzarlas.

DICIEMBRE

GASTOS

 LUNES

• Puedes usar todo tu aguinaldo o parte de éste para completar el enganche de tu casa o el de tu carro.

GASTOS

 MARTES

• No te dejes llevar por "las ofertas de fin de año" y evita los tarjetazos pensando que hasta enero lo pagarás.

6 MIÉRCOLES

GASTOS

• Invierte en tu educación. Si tienes en la mira un taller o curso, guarda esa lana para pagarlo cuando llegue el momento.

---

7 JUEVES

GASTOS

• Primer día de Hanukka.

DICIEMBRE

GASTOS
$ $ $

8 VIERNES

• Saber en qué destinarás tu aguinaldo, te evitará dolores de cabeza y que sufras la famosa "cuesta de enero".

GASTOS
$ $ $

9 SÁBADO

• Tener una vida adulta financieramente sana también implica presupuestar las experiencias, placeres o actividades que más disfrutas.

GASTOS
$ $ $

10 DOMINGO

SEMANA 50
RETO 7
#LUPEREYESDELAHORRO

Como ya es tradición, en diciembre toca el reto Lupe-Reyes del ahorro. En México se le conoce popularmente así al "maratón" que va del 12 de diciembre al 6 de enero en el que diariamente hay que consumir una bebida alcohólica... pero en Pequeño Cerdo Capitalista le hicimos un ligero cambio y se trata de un periodo de ahorro diario, con un mínimo de 2.5 dólares o 50 pesos mexicanos —equivalente a lo que te gastarías en dicha bebida— para que arranques el 2024 con fondos que, de otra forma, desaparecerían entre regalos y cenas.

Pero no harás el reto en solitario, ya que tu primera misión será reclutar a todos los miembros de tu familia. Los niños pueden quedar exentos a menos que quieras invitarlos, ajustar la cantidad que deben guardar y enseñarles a ahorrar.

La dinámica es muy sencilla, pero ya probaste que es efectiva. Sólo tienes que seguir estos pasos:

Paso 1. Convence a tu familia de sumarse al reto y anota los nombres de los participantes en papelitos.

Paso 2. Haz una rifa con esos nombres, algo parecido a lo que se hace para un intercambio de regalos: cada uno saca un papelito y lee el nombre. Lo único que no se vale es que te toque el tuyo.

Paso 3. Separa 50 pesos o 2.5 dólares diarios durante los 25 días que dura el reto Lupe-Reyes del ahorro. Puedes invertirlos por semana en algún instrumento de corto plazo o en una alcancía (sólo por esta vez).

Paso 4. Revisa que la persona que te haya tocado en la rifa sí haya separado su dinero todos los días. A ti te auditará la persona a la que le tocó tu papelito. Así, todos serán supervisados entre ustedes mismos.

Paso 5. Anota tu avance y el de tu supervisado en la tabla que puedes recibir al registrarte en www.pequenocerdocapitalista.com/agendaretos2023

Paso 6. No se vale usar ese dinero para nada más y el Día de Reyes reúnanse para contar (o demostrar, si los invirtieron) que sus fondos están completos.

Paso 7. Los ganadores del reto #LupeReyesDelAhorro serán quienes guardaron el monto acordado todos los días y disfrutarán de rosca y chocolate "patrocinado" por los perdedores, es decir, aquellos que no cumplieron con todo el reto o se atrasaron en sus depósitos.

También puedes hacer este reto con tus amigos y lo único que tienen que hacer es tomarse unas cervezas menos el fin de semana o un café menos al día para juntar los 1 250 pesos, que son alrededor de 60 dólares.

Compártenos los resultados del reto en redes sociales con los hashtags #LupeReyesDelAhorro y #RetosFinancieros, no olvides incluir una foto de quien perdió y tuvo que comprar la rosca y el chocolate para festejar el Día de Reyes.

11 LUNES

GASTOS $ $ $

- Puedes abrir una cuenta de Cetes y depositar semanalmente tu ahorro, pero tendrás que ponerte de acuerdo con tu auditor.

---

12 MARTES

GASTOS $ $ $

- ¡Hoy inicia el reto #LupeReyesDelAhorro! ¿Ya separaste tu aportación?

DICIEMBRE

GASTOS

 MIÉRCOLES

• Puedes poner una tabla en el refrigerador con los avances de todos en el reto #LupeReyesDelAhorro, así la auditoría es familiar.

GASTOS

 JUEVES

• ¿Quieres subir el nivel de la competencia? ¡Duplica el monto de ahorro diario!

15 VIERNES

GASTOS
$ $ $

• ¡Quincena! Aprovecha para ahorrar y hacer tus pagos antes de que la época te haga olvidar todo lo que aprendiste en el año y empieces a gastar sin control.

16 SÁBADO

GASTOS
$ $ $

17 DOMINGO

GASTOS
$ $ $

D

SEMANA 51

¿CÓMO DESPIDEN TUS FINANZAS AL 2023?

Ahora sí ya le queda poco al 2023 y, antes de que te agarren las fiestas con todo, te propongo hacer una pausa para analizar cómo te fue en estos 12 meses.

¿Arreglaste tu relajito financiero? ¿Lograste tus metas y hasta te planteaste nuevas? ¿Le bajaste considerablemente a tus deudas? ¿Por fin invertiste o diversificaste tu dinero? ¿Lograste hacer tus finanzas más todo terreno al reducir riesgos o aprovechando oportunidades?

Cuando se trata de dinero no hay logro pequeño, así que es momento de evaluar.

Responde esta cuarta y última evaluación trimestral y compárala con las anteriores. Además de tener más claro tu avance en el año, será un buen punto de partida para planear lo que sigue en tus finanzas.

Si aún no lo descargas, recuerda que puedes obtener el formato en PDF registrándote en www.pequenocerdocapitalista.com/agendaretos2023 y si hay otras cosas que quieras medir, también puedes hacer tu propia versión.

EVALUACIÓN TRIMESTRAL

Trimestre:	Fecha:
MIS INGRESOS MENSUALES:	
MIS GASTOS MENSUALES:	
Porcentaje de mis ingresos que ahorro al mes (promedio de los 3 meses): %	
MONTO TOTAL DE MIS AHORROS:	
Porcentaje de mis ingresos que acaparan mis deudas (mensualidades y al menos el doble del pago mínimo de las tarjetas, si no eres totalero): %	
MONTO TOTAL DE MIS DEUDAS	
Porcentaje de mis deudas totales que he pagado: %	

AVANCE DE MIS METAS*	
Meta 1	%
Meta 2	%
Meta 3	%
¿Qué porcentaje de tu fondo de emergencias has juntado? Recuerda que la meta es tener al menos 3 meses de gastos, aunque lo reúnas en varios años.	
Ingresos extra obtenidos en el periodo.	
Rendimiento de mis inversiones en el periodo.	
¿Ya contrataste los seguros que necesitas? ¿Cuál te falta?	
¿Iniciaste algún #RetOINK2023? ¿Cómo vas?	
¿Qué hice bien con mis finanzas?	
¿Qué me comprometo a mejorar en el próximo trimestre?*	

*Pídele a alguien de confianza que lo lea y firme como testigo. Comparte esa casilla en las redes de Pequeño Cerdo Capitalista con los hashtags #CompromisOINK y #RetosFinancieros.

DICIEMBRE

GASTOS

18 **LUNES**

• Lista de pendientes: terminar regalos, comprar sólo lo justo para no nadar en recalentado, hacer mi última evaluación...

GASTOS

 19 **MARTES**

• Día límite para entregar el aguinaldo en México.

20 MIÉRCOLES

GASTOS
$ $ $

21 JUEVES

GASTOS
$ $ $

DICIEMBRE

GASTOS

 22 VIERNES

• Ya van 10 días del reto #LupeReyesDelAhorro ¿Cómo vas? ¡No se te vaya a pasar ahorrar y tengas que pagar la rosca en enero!

GASTOS

 23 SÁBADO

GASTOS

 24 DOMINGO

• Nochebuena.

SEMANA 52

HAZ UN RECUENTO DE TUS LOGROINKS

Llegamos a la última semana del año cuando todo parece tener un ritmo diferente. Seguro hiciste un gran trabajo con tus finanzas este 2023: te aplicaste en hacerlas todo terreno, avanzaste con tus metas, buscaste la forma de crecer y dedicaste muchas horas para lograrlo. ¡Muchas felicidades!

Espero que este año hayas logrado muchas cosas, que haya sido mejor que el anterior, que tus finanzas estén mucho más equilibradas y preparadas para cualquier escenario, y que estés rodeado de las personas a las que amas. Deseo que el año que viene traiga más y mejores cosas para ti y que seas más prósperOINK y feliz, porque para eso estamos aquí.

Tómate unos minutos para reflexionar sobre todo lo que aprendiste, lo que lograste y lo que quieres hacer el siguiente año. Escribe aquí tus 3 logrOINKS más grandes:

LogrOINK 1

LogrOINK 2

LogrOINK 3

Antes de que te vayas, te propongo que compartas lo aprendido y lo logrado para contagiar la prosperidad. Éstas son algunas sugerencias:

1. Comparte tu conocimiento con alguien.
   ¿A quién se lo compartiré?_____
   ¿Cómo le puede ayudar? _____
   _____
   _____

2. Comparte lo que ganaste, puede ser una donación a una casa hogar, a una institución formal o a alguien que sepas que necesita ayuda.
   ¿Dónde donaré? _____
   _____

3. Ponte un nuevo reto que traiga riquezas y crecimiento a ti, a tu familia y hasta a tu comunidad.
   ¿Cuál será mi misión el siguiente año?_____
   _____

   ¿Cómo pienso lograrlo? _____
   _____
   _____
   _____

Disfruta la época y abraza a tus seres queridos. ¡Feliz 2024!

25 **LUNES**

GASTOS
$ $ $

- ¡Feliz Navidad! Te mando un abrazOINK.

26 **MARTES**

GASTOS
$ $ $

DICIEMBRE

GASTOS

27 MIÉRCOLES

• Busca instituciones autorizadas para recibir donaciones. En México, www.cemefi.org tiene un directorio de instituciones.

GASTOS

JUEVES

 • ¿Estás pensando en una bromilla financiera?

29 VIERNES

GASTOS

- Ve preparando tus propósitOINKS de año nuevo. Recuerda que no necesitan ser 12, mejor empieza por 3 que sí cumplas.

 30 SÁBADO

GASTOS

 31 DOMINGO

GASTOS

- ¡Feliz Año Nuevo!

TELÉFONOS Y PÁGINAS ÚTILES

Condusef
(Para dudas o quejas
en el sector financiero)
800 999 8080

Profeco
(Para dudas o quejas
en el sector comercial)
800 468 8722

Consar
(Para dudas de las Afore)
55 1328 5000

Profedet
(Para dudas o quejas de derechos
de los trabajadores)
800 911 7877

Prodecon
(Para dudas o quejas
respecto a los impuestos)
800 611 0190

SAT
(Para dudas respecto
a los impuestos)
55 627 22 728

Infonavit
(Para dudas o quejas de tu crédito
Infonavit o la Subcuenta de Vivienda)
800 008 3900

www.pequenocerdocapitalista.com
f / Pequeño Cerdo Capitalista
🐦 @PeqCerdoCap
📷 @pequenocerdocapitalista
▶ Pequeño Cerdo Capitalista

www.gob.mx/condusef
www.gob.mx/profeco
www.banxico.org.mx
www.gob.mx/cnbv
www.gob.mx/consar
www.gob.mx/profedet
www.gob.mx/prodecon
www.sat.gob.mx
www.gob.mx/sre

Teléfono del banco 1 _____
Teléfono del banco 2 _____
Teléfono de la aseguradora 1 _____
Teléfono de la aseguradora 2 _____
Mi contador: _____
Mi agente de seguros: _____

HOJA DE FLUJO PARA FREELANCEROS

ENERO

Concepto de ingreso	Monto	Concepto de gasto	Monto
INGRESOS TOTALES		**GASTOS TOTALES**	

FLUJO DEL MES
(INGRESOS TOTALES - GASTOS TOTALES)

HOJA DE FLUJO PARA FREELANCEROS

FEBRERO

Concepto de ingreso	Monto	Concepto de gasto	Monto
INGRESOS TOTALES		**GASTOS TOTALES**	

FLUJO DEL MES
(RESULTADO DEL MES ANTERIOR + INGRESOS TOTALES - GASTOS TOTALES)

HOJA DE FLUJO PARA FREELANCEROS

MARZO

Concepto de ingreso	Monto	Concepto de gasto	Monto
INGRESOS TOTALES		**GASTOS TOTALES**	

FLUJO DEL MES
(RESULTADO DEL MES ANTERIOR + INGRESOS TOTALES - GASTOS TOTALES)

HOJA DE FLUJO PARA FREELANCEROS

ABRIL

Concepto de ingreso	Monto	Concepto de gasto	Monto
INGRESOS TOTALES		**GASTOS TOTALES**	

FLUJO DEL MES
(RESULTADO DEL MES ANTERIOR + INGRESOS TOTALES - GASTOS TOTALES)

HOJA DE FLUJO PARA FREELANCEROS

.... **MAYO** ....

Concepto de ingreso	Monto	Concepto de gasto	Monto
INGRESOS TOTALES		**GASTOS TOTALES**	

FLUJO DEL MES
(RESULTADO DEL MES ANTERIOR + INGRESOS TOTALES - GASTOS TOTALES)

HOJA DE FLUJO PARA FREELANCEROS

JUNIO

Concepto de ingreso	Monto	Concepto de gasto	Monto
INGRESOS TOTALES		**GASTOS TOTALES**	

FLUJO DEL MES
(RESULTADO DEL MES ANTERIOR + INGRESOS TOTALES - GASTOS TOTALES)

HOJA DE FLUJO PARA FREELANCEROS

JULIO

Concepto de ingreso	Monto	Concepto de gasto	Monto
INGRESOS TOTALES		**GASTOS TOTALES**	

FLUJO DEL MES
(RESULTADO DEL MES ANTERIOR + INGRESOS TOTALES - GASTOS TOTALES)

HOJA DE FLUJO PARA FREELANCEROS

AGOSTO

Concepto de ingreso	Monto	Concepto de gasto	Monto
INGRESOS TOTALES		**GASTOS TOTALES**	

FLUJO DEL MES
(RESULTADO DEL MES ANTERIOR + INGRESOS TOTALES - GASTOS TOTALES)

HOJA DE FLUJO PARA FREELANCEROS

·············· SEPTIEMBRE ··············

Concepto de ingreso	Monto	Concepto de gasto	Monto
INGRESOS TOTALES		**GASTOS TOTALES**	

FLUJO DEL MES
(RESULTADO DEL MES ANTERIOR + INGRESOS TOTALES - GASTOS TOTALES)

HOJA DE FLUJO PARA FREELANCEROS

OCTUBRE

Concepto de ingreso	Monto	Concepto de gasto	Monto
INGRESOS TOTALES		**GASTOS TOTALES**	

FLUJO DEL MES
(RESULTADO DEL MES ANTERIOR + INGRESOS TOTALES - GASTOS TOTALES)

HOJA DE FLUJO PARA FREELANCEROS

NOVIEMBRE

Concepto de ingreso	Monto	Concepto de gasto	Monto
INGRESOS TOTALES		**GASTOS TOTALES**	

FLUJO DEL MES
(RESULTADO DEL MES ANTERIOR + INGRESOS TOTALES - GASTOS TOTALES)

HOJA DE FLUJO PARA FREELANCEROS

DICIEMBRE

Concepto de ingreso	Monto	Concepto de gasto	Monto
INGRESOS TOTALES		**GASTOS TOTALES**	

FLUJO DEL MES
(RESULTADO DEL MES ANTERIOR + INGRESOS TOTALES - GASTOS TOTALES)

ENERO

LO QUE DEBO

LO QUE ME DEBEN

LO QUE HICE BIEN

DÓNDE LA REGUÉ DURÍSIMO

FEBRERO

LO QUE DEBO

LO QUE ME DEBEN

LO QUE HICE BIEN

DÓNDE LA REGUÉ DURÍSIMO

MARZO

LO QUE DEBO	LO QUE ME DEBEN

LO QUE HICE BIEN	DÓNDE LA REGUÉ DURÍSIMO

ABRIL

LO QUE DEBO	LO QUE ME DEBEN

LO QUE HICE BIEN	DÓNDE LA REGUÉ DURÍSIMO

MAYO

LO QUE DEBO

LO QUE ME DEBEN

LO QUE HICE BIEN

DÓNDE LA REGUÉ DURÍSIMO

JUNIO

LO QUE DEBO

LO QUE ME DEBEN

LO QUE HICE BIEN

DÓNDE LA REGUÉ DURÍSIMO

JULIO

LO QUE DEBO	LO QUE ME DEBEN

LO QUE HICE BIEN	DÓNDE LA REGUÉ DURÍSIMO

AGOSTO

LO QUE DEBO	LO QUE ME DEBEN

LO QUE HICE BIEN	DÓNDE LA REGUÉ DURÍSIMO

SEPTIEMBRE

LO QUE DEBO	LO QUE ME DEBEN

LO QUE HICE BIEN	DÓNDE LA REGUÉ DURÍSIMO

OCTUBRE

LO QUE DEBO	LO QUE ME DEBEN

LO QUE HICE BIEN	DÓNDE LA REGUÉ DURÍSIMO

NOVIEMBRE

LO QUE DEBO	LO QUE ME DEBEN

LO QUE HICE BIEN	DÓNDE LA REGUÉ DURÍSIMO

DICIEMBRE

LO QUE DEBO	LO QUE ME DEBEN

LO QUE HICE BIEN	DÓNDE LA REGUÉ DURÍSIMO

EXTRAS

RASTREADOR DE GASTOS HORMIGA

¿Cuáles son tus gastos hormiga más frecuentes?
Si haces la cuenta, con eso que gastas te alcanzaría para: _____

Producto o servicio	Precio	Consumo semanal	Gasto mensual
	$		
	$		
	$		
	$		
	$		
	$		
	$		
	$		
	$		
	$		
	$		
	$		
	$		
	$		
	$		
	$		
	$		
	$		
	$		
	$		

EXTRAS

LIBROS PARA LLEVAR MIS FINANZAS AL SIGUIENTE NIVEL

Encuentra recomendaciones en www.pequeno cerdocapitalista.com/libros-recomendados

EXTRAS

¡Haz tu sobre!
Recorta y dobla por las líneas que se indican, pega en la pasta de tu agenda y listo.

Revisa en el canal de YouTube del PCC cómo armar tu sobre.

EXTRAS

IDEAS PARA HACER MIS FINANZAS MÁS TODO TERRENO

REDUCIR RIESGOS

APROVECHAR OPORTUNIDADES

EXTRAS

MENÚ SEMANAL

¡Planea tus comidas, ahorra una lana, evita el desperdicio y disfruta más!

	Lunes	Martes	Miércoles	Jueves	Viernes	Sábado	Domingo
Desayuno							
Comida							
Snacks							
Cena							
Ingredientes							

¿Lo quieres en digital? Regístrate en www.pequenocerdocapitalista.com/agendaretos2023

EXTRAS

LISTA DEL SÚPER

Haz tu lista del súper para que no te falte nada y para que no gastes de más

Frutas y verduras
- _____ $ _____
- _____ $ _____
- _____ $ _____
- _____ $ _____
- _____ $ _____
- _____ $ _____

Despensa y otros
- _____ $ _____
- _____ $ _____
- _____ $ _____
- _____ $ _____
- _____ $ _____
- _____ $ _____
- _____ $ _____
- _____ $ _____
- _____ $ _____
- _____ $ _____
- _____ $ _____
- _____ $ _____

Aseo personal
- _____ $ _____
- _____ $ _____
- _____ $ _____
- _____ $ _____
- _____ $ _____
- _____ $ _____

Carnes y lácteos
- _____ $ _____
- _____ $ _____
- _____ $ _____
- _____ $ _____
- _____ $ _____
- _____ $ _____

Limpieza
- _____ $ _____
- _____ $ _____
- _____ $ _____
- _____ $ _____
- _____ $ _____
- _____ $ _____

¿Lo quieres en digital? Regístrate en www.pequenocerdocapitalista.com/agendaretos2023

EXTRAS

MI PORTAFOLIO DE INVERSIONES

¿En qué estás invirtiendo y en qué quieres invertir? ¡Grafícalo!

Actual

El que quiero tener en 3 años

NOTAS

NOTAS

NOTAS

¿Y ÉSTAS PARA QUÉ SON? INSTRUCCIONES PARA USAR TUS ESTAMPITAS

Las finanzas tienen su lado divertido; una de mis partes favoritas para transmitirlo son las estampitas financieras que te pueden servir de recordatorios de pagos para evitar deudones de la tarjeta de crédito, tener presentes tus metas, celebrar logros y seguir tus retos. Ahí te va cómo se usan:

1. **La de la meta 2023** es para que la llenes con tu mayor objetivo de este año, la pongas en un lugar visible —billetera, refri, compu...— y vayas rellenando el porcentaje de avance. También hay otras para que agregues tus avances, celebres tus #LogrOINKS y para motivarte.
2. **Separadores de meses.** Pégala el primer día del mes que corresponda para que encuentres más fácil dónde vas.
3. **Acciones financieras.** Usa ¿Lo quiero o lo necesito?, ¡A diversificar!, Quítamelo que me lo gasto, Ingresos extra y ¡Adiós deudas! para aplicarte con cada tema.
4. **Fecha de corte y de pago de la tarjeta.** Revisa en tu estado de cuenta cuándo son y pégalas en cada mes para planear las compras importantes después del corte, y evitarte un lanal de intereses por olvidar pagarlas.
5. **Estampitas para retos.** Éstas son para marcar que cumpliste algún #RetoFinanciero.
6. **RecordatoriOINKs.** Úsalas para cumpleaños, eventos, pagos de servicios, colegiaturas, mensualidades de créditos, trámites y cualquier cosa que te cause recargos, multas o gastos por culpa si se te pasa la fecha.
7. **Estampitas de ejercicios.** Se busca oportunidad viene en abril y autocuidadOINK en septiembre.
8. **Decorativas.** La de finanzas todo terreno, la de frases y las del cerdito las puedes poner donde quieras, que te recuerden de aplicarte con tu lana este año.

AGRADECIMIENTOS

Gracias de corazón por dejarme acompañarte a diario en tu camino para arreglar tu relajito financiero, cumplir tus metas y en el objetivo de este año que es volver tus finanzas todo terreno.

Hay muchos lectores que llevan años usando las agendas de Pequeño Cerdo Capitalista y compartiéndome sus #logrOINKS y sus avances en los #RetosFinancieros. Si estás entre ellos, quiero que sepas que siempre que leo en redes tus avances me siento orgullosísima de lo que te has aplicado y te echo porras a la distancia para que vayas por más.

Si tú usas la agenda por primera vez, me encantará celebrar contigo cada avance que tengas con un tuit, un like a tu post o a la historia que me hagas llegar en redes.

Gracias a mis queridos alumnos de Retos financieros, porque sus preguntas, avances y ganas de seguir creciendo en la ruta de la riqueza me impulsan a siempre pensar cuál es el siguiente nivel o cómo podemos profundizar en una habilidad del dinero y así nutrir los nuevos contenidos.

A mis queridos editores Andrea, Natalia, David y César por su grandísima paciencia y el enorme cariño que le ponen a los libros, y al increíble equipo de diseño Maru y Amalia, que cada año se esfuerzan por embellecer a este cerdito y sorprender a nuestros lectores.

A todo el equipo de Penguin Random House por su inmenso talento, trabajo y gran pasión por los libros.

Al equipazo de Pequeño Cerdo Capitalista, a Diana Lagos y Ximena Soto por ayudarme a echarle cabeza y mucho corazón a los ejercicios, retos, consejos y extras digitales que preparamos con cariñOINK para ti.

A Paula López y Abigail Álvarez, que siempre están dispuestas a nuevas aventuras visuales, y hacen las mejores sugerencias para que el diseño de la agenda y los recursos digitales sean innovadores y disfrutables, pero también muy prácticos para arreglar relajitos financieros.

A Saray Sánchez y Daniela Buenfil, que me compartieron valiosos documentos sobre las tendencias que más están impactando en nuestras prioridades como consumidores y nuestras finanzas. Inspiraron ejercicios como los relacionados con ingresos extra, cuidado, futurea y los de economía circular.

A los especialistas que siempre están dispuestos a apoyarnos para hacer mejores ejercicios y temas.

A mi mamá, que este año ha sido un gran apoyo para compaginar mis proyectos y la maternidad, y a Juan Montes, mi Gabriel y mi familia, que me inspiran y alientan mis sueños.

Espero que el ejercicio o reto de cada semana haga una diferencia en tu billetera y en tu vida. ¡Que tengas un muy prósperOINK y feliz 2023 con esta agenda de retos financieros!

CALENDARIO 2024

ENERO
D	L	M	M	J	V	S
	1	2	3	4	5	6
7	8	9	10	11	12	13
14	15	16	17	18	19	20
21	22	23	24	25	26	27
28	29	30	31			

FEBRERO
D	L	M	M	J	V	S
				1	2	3
4	5	6	7	8	9	10
11	12	13	14	15	16	17
18	19	20	21	22	23	24
25	26	27	28	29		

MARZO
D	L	M	M	J	V	S
					1	2
3	4	5	6	7	8	9
10	11	12	13	14	15	16
17	18	19	20	21	22	23
24	25	26	27	28	29	30
31						

ABRIL
D	L	M	M	J	V	S
	1	2	3	4	5	6
7	8	9	10	11	12	13
14	15	16	17	18	19	20
21	22	23	24	25	26	27
28	29	30				

MAYO
D	L	M	M	J	V	S
			1	2	3	4
5	6	7	8	9	10	11
12	13	14	15	16	17	18
19	20	21	22	23	24	25
26	27	28	29	30	31	

JUNIO
D	L	M	M	J	V	S
						1
2	3	4	5	6	7	8
9	10	11	12	13	14	15
16	17	18	19	20	21	22
23	24	25	26	27	28	29
30						

JULIO
D	L	M	M	J	V	S
	1	2	3	4	5	6
7	8	9	10	11	12	13
14	15	16	17	18	19	20
21	22	23	24	25	26	27
28	29	30	31			

AGOSTO
D	L	M	M	J	V	S
				1	2	3
4	5	6	7	8	9	10
11	12	13	14	15	16	17
18	19	20	21	22	23	24
25	26	27	28	29	30	31

SEPTIEMBRE
D	L	M	M	J	V	S
1	2	3	4	5	6	7
8	9	10	11	12	13	14
15	16	17	18	19	20	21
22	23	24	25	26	27	28
29	30					

OCTUBRE
D	L	M	M	J	V	S
		1	2	3	4	5
6	7	8	9	10	11	12
13	14	15	16	17	18	19
20	21	22	23	24	25	26
27	28	29	30	31		

NOVIEMBRE
D	L	M	M	J	V	S
					1	2
3	4	5	6	7	8	9
10	11	12	13	14	15	16
17	18	19	20	21	22	23
24	25	26	27	28	29	30

DICIEMBRE
D	L	M	M	J	V	S
1	2	3	4	5	6	7
8	9	10	11	12	13	14
15	16	17	18	19	20	21
22	23	24	25	26	27	28
29	30	31				

Pequeño Cerdo Capitalista. Retos financieros 2023 de Sofía Macías
se terminó de imprimir en septiembre de 2022
en los talleres de
Litográfica Ingramex, S.A. de C.V.
Centeno 162-1, Col. Granjas Esmeralda, C.P. 09810
Ciudad de México.